Sammlung Horizont   Paul Cézanne

Skizze von Cézanne

Ambroise Vollard:
Paul Cézanne

Cezanne

Gespräche und Erinnerungen
Mit Zeichnungen
Photos und Dokumenten
im Verlag der Arche Zürich

Titel des französischen Originals:
«En écoutant Cézanne, Degas, Renoir», Edition Grasset, Paris
Berechtigte Übertragung von Sonja Bütler

Alle Rechte vorbehalten
Copyright © 1960 by Peter Schifferli Verlags AG «Die Arche» Zürich
Printed in Switzerland
Text und Umschlag: H. Börsigs Erben AG Zürich
Bilder: Bodmer & Leonardi Zürich
Einband: J. Stemmle & Co. Zürich

Inhalt

Ambroise Vollard

- Seite 7 Die ersten Eindrücke
- 13 In Paris [1861/1866]
- 19 Cézanne strebt nach dem Salon Bouguereaus [1866/1895]
- 23 Die Ausstellungen der Impressionisten
- 31 Die Ausstellung an der Rue Laffitte [1895]
- 38 Mein Besuch bei Cézanne [1896]
- 44 Aix und seine Einwohner
- 48 Cézanne malt mein Porträt [1896/1899]
- 58 Endgültige Rückkehr nach Aix [1899]
- 61 Cézanne und Zola
- 71 Die letzten Jahre [1899/1906]

Paul Cézanne

- 79 Über Kunst und Künstler

Über Cézanne

- 90 Maurice Vlaminck
- 91 Georges Braque
- 92 Pablo Picasso
- 93 Guillaume Apollinaire
- 94 Henri Matisse
- 96 Gertrude Stein

- 103 Lebensdaten

Zu den Illustrationen

Tafel 1–4 nach S. 12.
    1 Paul Cézanne um 1861.
    2 Brief Cézannes an Zola, Juli 1859.
    3 Cézanne um 1871.
    4 Cézanne auf dem Wege zu einem Sujet in der Landschaft von Auvers-sur-Oise, um 1873.

Tafel 5–8 nach S. 24.
    5 Cézanne mit Camille Pissarro [rechts stehend] in dessen Garten in Pontoise, um 1877.
    6 Seine Frau. Porträt von Cézanne, 1885.
    7 Cézanne malt in der Gegend von Le Tholonet bei Aix-en-Provence, um 1904.
    8 Ambroise Vollard. Porträt von Cézanne, 1899.

Tafel 9–12 nach S. 36.
    9 Cézannes Atelier des Lauves in Aix-en-Provence.
    10 Cézanne in seinem Atelier in Aix, um 1904. Im Hintergrund «Die Badenden».
    11 Eine der letzten Aufnahmen von Paul Cézanne in seinem Garten in Aix, um 1905.
    12 Selbstbildnis von Paul Cézanne, 1894.

Ambroise Vollard

Die ersten Eindrücke

Eine unbegüterte Familie verließ einst ihren Heimatort Cesena in Italien, um in Frankreich ihr Glück zu suchen. In ihrer neuen Heimat ließen sich die Cézannes, die den Namen ihres Geburtsortes angenommen hatten, im ländlichen Alpenstädtchen Briançon, nicht weit von der soeben überschrittenen Grenze, nieder. Doch da sie auch hier kein Glück hatten, suchten es ein paar von ihnen in einer andern Gegend. So kam es, daß gegen Ende des achtzehnten Jahrhunderts Louis-Auguste Cézanne, der Vater des Malers, in einem kleinen Dorf des Departements Var zur Welt kam. Seine Eltern waren einfache Handwerker, Menschen mit starker Bindung an ihre Religion und großem Respekt vor den alten Traditionen. Sie hatten viele Kinder, deren einzig Überlebender der Vater unseres Cézanne war.
Louis-Auguste Cézanne konnte seine ärmliche Jugend nie mehr ver-

gessen, und er zog seine Lehre daraus, und zwar so gut, daß der kleine Hutmacherlehrling durch Arbeit und Sparsamkeit eines Tages selbst Meister wurde, und man kann seine mit Hochachtung vermischte Liebe zum harterarbeiteten Geld leicht verstehen, ebenso seine tiefeingewurzelte Abneigung gegen waghalsige Berufe – zu denen er in erster Linie den Beruf des Kunstmalers zählte.

Paul Cézanne kam am 19. Januar 1839 in Aix-en-Provence zur Welt. Sein Vater hatte zwar sein Lebensziel, Bankier zu werden – «ein vornehmer Beruf» – noch bei weitem nicht erreicht, aber sein Hutgeschäft ging sehr gut, und man versteht, daß er davon träumte, daß sein Sohn einen dieser geldeinbringenden Berufe ergreife, die einer Familie zur Ehre gereichen. Leider aber zeigte sich zum großen Kummer seiner Familie bei Paul Cézanne schon sehr früh eine unwiderstehliche Neigung zur Malerei, und ein seltsamer Zufall wollte es, daß gerade sein Vater ihm die erste Farbstiftschachtel gab. Vater und Mutter waren glücklich, daß ihr Paul so viel Freude an den Stiften hatte: eine stille Beschäftigung, die sehr willkommen war, weil sie die lauten Ausbrüche eines außergewöhnlich leidenschaftlichen und lebhaften Charakters mäßigte, dem dazu noch eine beinahe weibliche Reizbarkeit und eine gewisse Menschenscheu eigen waren. Nur ein Mensch konnte mit dem Kind machen, was er wollte: seine um zwei Jahre jüngere Schwester Marie, mit der er jeden Tag Hand in Hand in eine Kleinkinderschule ging.

Mit zehn Jahren trat Paul Cézanne ins Kollegium Saint-Joseph, ein frommes Institut, ein, wo er bei einem spanischen Mönch seinen ersten Zeichenunterricht erhielt. Drei Jahre später besuchte der junge Schüler als Externist die Kurse des Collège Bourbon, des heutigen Lycée von Aix. Dort begegnete er Zola. Sie schlossen sofort Freundschaft, an der ein dritter Jüngling aus Aix, Baptistin Baille, teilnahm.

Cézanne war keineswegs ein Wunderkind; er lernte sogar mühsamer als die meisten gleichaltrigen Schüler; aber trotz seinem heftigen und höchst empfindsamen Temperament widmete er sich all seinen Studien mit der gleichen Gewissenhaftigkeit, ob es sich nun um die humanistischen Fächer handelte, die er besonders schätzte, oder um die mathematischen, denen sein Geist entschieden feindlich gesinnt war.

In den Pausen steckten Cézanne, Zola und Baille immer beieinander. In den Ferien rannten sie zusammen durch Feld und Wald. Später kamen zu diesen Vergnügungen neue von ganz anderer Art. Zola las laut vor und interpretierte Musset, Hugo, Lamartine; Baille sprach gelehrt und philosophierte; Cézanne, erfüllt von den Namen der großen Koloristen Veronese, Rubens, Rembrandt, stellte Theorien über die Kunst auf. Zolas bevorzugter Dichter war Musset; ihn nahm der junge Gymnasiast als Vorbild für sein poetisches Gestammel. Auch Cézanne wurde angesteckt und begann zu dichten; leider sind aber seine Gedichte verschwunden. Er war aber nicht nur Dichter, sondern auch Musiker: Ein Kollege namens Marguery kam eines Tages auf die Idee, eine Blechmusik zu bilden. Cézanne, Zola und Baille machten sofort mit. Auf dem Heimweg von Schulausflügen defilierte die Blechmusik siegesstolz durch die Stadt, und man konnte Cézanne an einem Klapphorn nach Luft schnappen sehen, während Zola Klarinette spielte.

Neben dem Schulunterricht besuchte Cézanne die Mal- und Zeichenkurse am Musée Municipal, wo er seine Kameraden bereits durch die unvermutete Gewagtheit seiner Übertragungen verblüffte. Sein Kunsttraum begann, Form anzunehmen, und bei seiner Mutter, der er seine Pläne und Hoffnungen anvertraut hatte, fand er wohl immer Unterstützung.

Cézannes Mutter, Elisabeth Aubert, war in Aix geboren und stammte aus einer Familie von entfernt kreolischer Herkunft; sie war lebhaft und romantisch, ein naturwüchsiges Temperament, aber gleichzeitig von unruhigem, argwöhnischem, heftigem Charakter. Von ihr hatte Paul sein Lebensbild. Und glücklich, sich in ihrem Sohn wiederzuerkennen, unterstützte sie ihn gegenüber dem Vater. Dieser verfolgte die immer schnellere Entwicklung der künstlerischen Talente seines Kindes mit wachsender Besorgnis, trotz dem Argument, das Madame Cézanne aus dem Grunde ihres Mutterherzens schöpfte und gegen das man nach ihrer Meinung nichts einwenden konnte: «Was willst du! Er heißt eben Paul wie Veronese und Rubens!»

Mit neunzehn Jahren erhielt der junge Paul einen zweiten Preis an der Ecole des Beaux-Arts in Aix, wodurch die Besorgnis des Vaters vergrößert wurde, der mit Schmerz und Verwunderung sehen mußte, wie der Sohn eines Finanzmannes [Monsieur Cézanne hatte nämlich seit ein paar Jahren seinen Traum, Bankier zu werden, verwirklicht] an solchen Hirngespinsten Freude haben konnte. Und er wiederholte ihm ununterbrochen: «Kind, denk an deine Zukunft! Mit Talent verhungert man; mit Geld ißt man sich satt.»

Und trotzdem war die Lage nicht hoffnungslos. Paul Cézanne hatte seine klassischen Studien trotz der großen Malleidenschaft fortgesetzt; im gleichen Jahr, in dem er jenen zweiten Preis gewann, bestand er die Matura. [Der erstprämiierte Preisträger, der ein angesehener Lokalmaler wurde, verzieh Cézanne nie, daß dieser in der Welt den Platz einnahm, der ihm selbst nach seiner Meinung auf Grund seines ersten Preises zukam.] Auch war Paul Cézanne trotz seinem heftigen Charakter das Gegenteil eines Revolutionärs und zeigte sich gegenüber seinem Erzeuger sogar sehr furchtsam. Um so mehr litt er unter dieser Feindseligkeit, die er rings um sich herum spürte, und er hätte sich entmutigen lassen – nachdem Zola zu seiner verwitweten Mutter nach Paris zurückgerufen worden war –, wäre nicht sein Freund Baptistin Baille immer noch in Aix gewesen, der neben seinen eifrigen mathematischen Studien weiterhin leidenschaftlich über Dichtkunst und Malerei diskutierte.

Zola seinerseits war in Paris sehr unglücklich und benutzte deshalb die Gelegenheit, seine Sommerferien 1858 in Aix zu verbringen. Cézanne, der alles, was die Malerei betraf, vor seinem Vater verstecken mußte, war glücklich, dem Freund seine Entwürfe zeigen zu können. Zola entwickelte seine Pläne, las seine ersten Versuche vor. In diesem Rausch von Literatur und Malerei sprach schließlich sogar Baille davon, die Mathematik zugunsten der Dichtkunst aufzugeben.

Cézanne hatte größere Sorgen. Sein Vater wollte nicht an eine ernsthafte Berufung glauben; außerdem war er nicht überzeugt, der Beruf des Malers könne seinen Mann ernähren. Diesmal noch mußte Paul nachgeben. Er schrieb sich in der juristischen Fakultät von Aix ein [1858–59] und bestand sogar ohne Schwierigkeiten das erste Examen. Aber seine Abneigung gegen die juristischen Studien war so groß, daß er, um mehr Interesse daran zu bekommen, sich vornahm, die Gesetzestexte in französische Verse zu übertragen.

Nach den Ferien kehrte Cézanne mit weniger Begeisterung als je zu seinen Rechtsbüchern zurück, und Zola fuhr wieder nach Paris. Cézanne spielte mit dem Gedanken, ihm dorthin zu folgen, aber sein Zeichenlehrer, ein gewisser Herr Gilbert, sah seinen Schüler ungern «seinen Händen entgleiten»; Monsieur Cézanne fand in ihm eine unerwartete Unterstützung, um sein Kind zurückzuhalten. Denn der Gedanke an die Abreise nach der Hauptstadt beunruhigte ihn aus mehr als einem Grunde; er fürchtete einerseits den Einfluß Zolas auf seinen Sohn und andrerseits die zahllosen Gefahren von Paris. Aus den paar Jahren seiner eigenen Jugendzeit, die er dort verlebt hatte, war ihm die Erinnerung an eine Stadt geblieben, in der Hochstapler und Schwindler den Ton angaben und «einen allzu vorteilhaften Platz einnahmen». Zola war nicht wenig enttäuscht. Er hatte zum voraus das Budget für seinen Freund über hundertfünfundzwanzig Francs monatlich aufgestellt, die nach seiner Voraussicht die väterliche Großzügigkeit nicht überstiegen hätten.

Traurig nahm Cézanne seine Rechtsstudien wieder auf. Zola begnügte sich jetzt in seinen Briefen nicht mehr mit bloßem Zuspruch, er wagte sich an die größten Kunstprobleme heran: «Wir reden in unseren Briefen oft von Dichtkunst, aber die Wörter Malerei und Bildhauerei erscheinen nur selten, um nicht zu sagen, überhaupt nie. Das ist eine schwere Unterlassungssünde, beinahe ein Verbrechen ...» Zola hatte Cézanne bereits über Greuze geschrieben: «Greuze war immer mein Lieblingsmaler». Ein andermal spricht er ihm von Ary Scheffer, «diesem Maler reiner, ätherischer, beinahe durchsichtiger Figuren», und benutzt die Gelegenheit, Cézanne zu belehren, daß «die Dichtkunst etwas Großes ist und daß es außer der Dichtkunst kein Heil gibt».

Zola schließt seinen Brief mit der Ermahnung, Cézanne solle mit Händen und Füßen – «unguibus et rostro» – an der Zeichnung arbeiten, «damit er kein Realist, damit er ein Jean Goujon, ein Ary Scheffer werde». Man kann sich fragen, was Cézanne über die Zusammenstellung der beiden Namen dachte, als er in der Lage war, zu vergleichen.

Aber nachdem Zola Cézanne vor dem Realismus gewarnt hat, deckt er ihm eine weitere Gefahr auf, die zu den allerschlimmsten gehört: die «Verkaufs-Malerei», der einer ihrer ehemaligen Kameraden verfallen ist. Zola fürchtet so sehr für seinen Freund, daß er immer wieder auf sein Lieblingsthema zurückkommt, und entschuldigt sich damit, daß «die Freundschaft allein seine Worte niederschreibe», ohne zu bedenken, daß ihm seine Unwissenheit in bezug auf Malerei tatsächlich eine Überlegenheit gibt; denn dadurch, daß er auf einem Bild höchstens «weiß und schwarz unterscheiden kann», ist er nie versucht, sich um das «Handwerk» zu kümmern, wohingegen man bei Cézanne, der weiß, «wie schwer es ist, die Farben nach seinem Geschmack zu setzen», fürchten muß, er sehe wider seinen Willen bei einem Bild nur «geriebene Farben auf einem Stück Leinwand» und versuche «ständig herauszufinden, mit welcher Technik der Effekt erzielt worden sei ...» Darin liegt eine große

trop beau.

ta gloire est très-brillante, et brillants les [vers?]
que tu rendis à ceux-là qui réjouissent les cuisses,
oui, ta gloire inspire ce sublimes vers.

bien fait.

mais ce serait surtout à l'armée autrichienne
de prendre [ici?] la parole et de chanter la tienne

2

3

Gefahr! Unter der Bedingung, daß das Thema über allem steht, ist Zola allerdings einverstanden, daß man sich um «diese stinkenden Farben, diese grobe Leinwand», kurz, um das «Handwerk» kümmert: «Ich denke nicht daran, die Form zu verschmähen! Das wäre Dummheit; denn ohne die Form kann man ein großer Maler für sich allein, aber nicht für die andern sein. Durch sie wird der Maler verstanden, beurteilt.»

Vater Cézanne hingegen mußte sich von der Untauglichkeit seines Sohnes für alle Geschäfte «weltlicher» Art überzeugen. So gab er schließlich den Bitten und Klagen seines Sohnes und Madame Cézannes nach und willigte in Pauls Abreise nach Paris ein, hoffte aber im stillen, er werde «keinen Erfolg» in der Malerei haben und bald wieder in die Bank zurückkehren.

So kam Cézanne 1861 in Begleitung seines Vaters und seiner Schwester Marie in der Hauptstadt an. Sie ließen sich in einem Hotel an der Rue Coquillière nieder. Nach ein paar Besuchen bei alten Bekannten kehrten Vater und Tochter nach Aix zurück, und Paul war endlich sich selbst überlassen, versehen mit einem kleinen Kredit auf der Bank von Lehideux, dem Pariser Mitarbeiter der Bank Cézanne und Cabassol.

In Paris [1861/66]

Cézanne stürzte gleich nach seiner Ankunft zu Zola. «Ich habe Paul gesehen!» schrieb der zukünftige Dichter des «Assommoir» an Freund Baille. «Ich habe Paul gesehen, ja, kannst du den ganzen Klang dieser Worte empfinden?» Die beiden Freunde «umarmten sich gewaltig».

Zola wohnte damals an der Rue Saint-Victor, beim Pantheon. Um in seiner Nähe zu sein, mietete Cézanne ein Zimmer in einem Hotel an der Rue des Feuillantines. Tagsüber arbeitete Zola in den Docks, während Cézanne die Académie Suisse am Quai des Orfèvres besuchte. Die

Abende verbrachten die beiden Freunde in Zolas Zimmer mit Gesprächen über Kunst und Literatur, wie damals in Aix. Zola ließ sich sogar porträtieren, doch es ging mit der Studie «nicht vorwärts», und der junge Maler, der sich schnell entmutigen ließ, zerriß das Bild kurzerhand.
Doch dieses gemeinsame Leben schien ihnen nicht so beglückend zu sein, wie sie gehofft hatten. Wahrscheinlich waren ihre Meinungen über die Malerei zu weit auseinandergeraten, und auch das «Plaudern wie damals, mit der Pfeife im Mund und dem Glas in der Hand» war wohl für Cézanne kaum «etwas so Herrliches», wie Zola es sich vorstellte. Zola schreibt sogar Cézanne in einem Brief vom Jahre 1862: «Paris trug nichts zu unserer Freundschaft bei ... Aber trotzdem, ich halte Dich immer noch für meinen Freund.»
Cézanne erhielt diesen Brief in Aix. Paris hatte ihn ermüdet, und er empfand das Bedürfnis, wieder mit der Heimaterde in Berührung zu kommen. Eine Überraschung wartete auf ihn. Sein Vater, der weniger als je an seine Malerei glaubte, wollte nichts mehr von Paris hören und nahm ihn wieder in seine Bank. «Ach, mein lieber Paul, wozu willst du denn malen? Meinst du, du könntest es besser machen als die Natur? Da mußt du ja ganz vertrottelt sein!»
Cézanne gab «wie immer» dem väterlichen Willen nach und bemühte sich, Interesse an der Buchhaltung zu bekommen. Um Abwechslung in die eintönige Arbeit zu bringen, füllte er die Ränder des Hauptbuches mit Zeichnungen und Versen, wie zum Beispiel diesem Distichon:

«Cézanne, le banquier, ne voit pas sans frémir,
Derrière son comptoir naître un peintre à venir.»

Oder er eilte, wenn er seiner Inspiration nicht mehr widerstehen konnte, ins «Jas de Bouffan» [Windhaus][1]. Dort malte er auf die Mauern des

1] Das herrliche Landhaus, das sein Vater in der Nähe von Aix besaß, und wo Cézanne bis zu seinem Tode malte.

Skizzen nach zwei Gemälden aus einem Brief an Zola vom 19. Okt. 1866

ici t'a donne un tiquer, à peser la quette, dont je t'offre! —
Ma sœur Rose a tué plusieurs avis tenant un petit livre qui lit, sa poupée, oh, sur une chaise, elle sur un fauteuil, jour nor tête claire, veille bleue, tablier d'étoffe bleue, robe foncée jaune, un peu de nature morte à gauche un bol, des jouets d'enfant. Tu diras bonjour à Gabrielle, ainsi qu'à toi et à Baille, qui doit être à Paris avec son frère. — Je pense
que maintenant te revenu de la Picardie et revenu avril le mois dut, tu dois te trouver mieux, et je souhaite que ton travail ne te cause pas trop. J'apprends avec plaisir ton introduction au grand journal. Si tu vois Pissarro, dis-lui bien des choses de ma part. — Mais je te le répète, j'ai un peu de misanthropie, mais sans cause, comme tu sais, je ne sais pas à quoi ça tient, ça revient tous les soirs quand le soleil tombe et puis il pleut, et ma vertu noir. — Je pense qu'un de ces jours j'attacherai un saucisson, mais il faut que mon mère me l'aille acheter, parce qu'autrement on me caricaturerait. C'est très embêtant. Figure-toi que je ne lis presque plus, je ne sais si tu seras de mon avis, et pour cela je ne t'engagerai pas, mais je commence à m'apercevoir que l'on pense l'art pour rien m'ed-blayer les autres hors.

Croquis de mon futur tableau en plein air.

Salons große Kompositionen, und weil der Platz beschränkt war, malte er die Figuren einfach übereinander.

Schließlich kam der Tag, an dem der Vater nur noch mit Gewalt einer so ausgesprochenen Begabung im Wege stehen konnte und ihm deshalb die Rückkehr nach Paris erlaubte.

Cézanne hatte in der Entfernung die Mißverständnisse und die Entfremdung von damals vergessen und war glücklich, seinen geliebten Zola wiederzusehen; er ließ sich am Boulevard Saint-Michel, gegenüber der Ecole des Mines, nieder. Er besuchte wiederum das Atelier Suisse und befreundet sich mit Pissarro, mit Guillaumin und mit Oller, durch den er Guillemet kennenlernte.

Die Beziehungen zu seiner Familie bleiben sehr herzlich, aber wegen dieser «verfluchten» Malerei nicht ohne Reibungen. Voller Ungeduld, sein Talent zu beweisen, meldet er sich zur Aufnahmeprüfung in die Ecole des Beaux-Arts. Er fällt durch. Monsieur Mottez, einer der Examinatoren, erklärt seinen Mißerfolg damit: «Cézanne hat das Temperament eines Koloristen, aber er übertreibt.»

Nach diesem Mißerfolg sieht Cézanne nicht ohne Besorgnis seine Ferien immer näher rücken. Um ihn vor seinem Vater zu verteidigen, begleitet ihn sein Freund Guillemet nach Aix. Aber Vater Cézanne hat sich mit der Tatsache abgefunden; nie mehr wird er versuchen, seinen Sohn von einem Weg abzubringen, den er mit so viel Beharrlichkeit eingeschlagen hat.

Nach ein paar Monaten kehrt Cézanne wieder nach Paris zurück und mietet ein Atelier in der Rue Beautreillis bei der Bastille. Dort malt er vor allem ein paar wichtige Stilleben, darunter «Un Pain et des œufs» [Ein Brot und Eier] und, inspiriert von Rubens, eine große Skizze zu «Femmes au bain» [Badende], das Bild der «Badenden» von Claude Lantier in Zolas «Oeuvre».

Ein alter Maler, der Cézanne zu jener Zeit kannte, erzählte mir von ihm:

«Ja, ich erinnere mich sehr gut! Er trug eine rote Weste und hatte immer Geld in der Tasche, um einem Kameraden ein Essen zu bezahlen.»
Cézanne war nicht nur verschwenderisch, er war ein konsequenter Bohemien. Man erzählte sich, daß er sich auf seinen Spaziergängen rund um den Jardin du Luxembourg plötzlich auf eine Bank legen und einschlafen konnte. Die Schuhe benutzte er, aus Angst, sie könnten ihm gestohlen werden, als Kopfkissen. All diese Geschichten brachten Zola zur Verzweiflung; er war für den bürgerlichen Komfort und gab sogar an einem bestimmten Wochentag Gesellschaften mit Tee und Biskuits. Außer den Stammgeladenen Cézanne und Baille, der jetzt seine wissenschaftlichen Studien in Paris fortsetzte, kamen Antony Valabrègue, ein junger Dichter aus Aix; Marion, ebenfalls ein Landsmann, der Maler werden wollte, aber schließlich als Mathematikprofessor endete; Guillemet und Marius Roux.
Man kann sich den damaligen Geisteszustand von Zola, Cézanne und Baille leicht vorstellen. Zola zeigte sich scharfsinnig und ausgeglichen, Baille träumte von einer guten «Stellung», Cézanne war «der Aufgewühlteste und Problemgeladenste» von allen dreien.
Von seinen ersten Besuchen im Louvre war der junge Maler sehr verwirrt; er empfand einen «betäubenden» Eindruck von Licht und Farbe. Wie er sich selbst ausdrückte, erschien ihm das Schauspiel vor seinen Augen wie ein farbig-leuchtender «Brei». Am meisten «verblüffte» ihn Rubens. Unter seinem Einfluß malte er feurigfarbige Kompositionen. Zola, der seinen Freund vor dem Realismus gewarnt hatte, fand nun, er gehe in der romantischen Begeisterung zu weit. Worauf Cézanne zur Entspannung lustige, pseudo-realistische Bildchen malte wie zum Beispiel «La Femme à la Puce» (Die Frau mit dem Floh). Dieses Bild ist leider verschwunden, ebenso ein anderes aus der gleichen Zeit, das einen nackten Mann auf einem Gurtenbett darstellt. Das Modell zu diesem Bild war ein braver Abtrittfeger, dessen Frau einen kleinen, von den

jungen Malern wegen der dort ausgeschenkten Ochsenbrühe häufig besuchten Milchladen besaß. Cézanne hatte dem Abtrittfeger Vertrauen eingeflößt und bat ihn daraufhin eines Tages, ihm Modell zu stehen. Der Mann sprach von seiner Schwerarbeit. «Aber du arbeitest doch in der Nacht; am Tag tust du ja gar nichts!» Der Abtrittfeger wandte ein, tagsüber müsse er sich ausruhen. «Also gut, ich male dich im Bett!» Der gute Kerl schlüpfte zu Ehren des Malers mit einer schönen Nachtmütze unter die Decke. Aber da man unter «Freunden» keinerlei Umstände machen mußte, zog er zuerst die Nachtkappe aus, warf dann die Decke zurück und ließ sich schließlich völlig nackt malen; seine Frau war ebenfalls auf dem Bild zu sehen, wie sie ihrem Mann ein Glas Glühwein reicht. Die offizielle Kritik war sich darüber einig, daß Cézanne seine Bilder male, indem er mit einer Pistole, die mit verschiedenen Farben geladen sei, auf eine weiße Leinwand ziele; deshalb bezeichnete man seine Malweise allgemein als «Pistolenmalerei». In Wirklichkeit bemühte sich keiner mehr als Cézanne darum, dem Publikum zu beweisen, daß seine Bilder etwas anderes als ein Werk des Zufalls seien; aber wenn er es auch verstand, Bilder zu malen, so ging ihm doch die Fähigkeit ab, sie zu erklären. Er konnte sie nicht einmal mit passenden Titeln versehen. Für die Studie mit dem Abtrittfeger kam ihm sein Freund Guillemet zu Hilfe; er fand den Titel «Un Après-midi à Naples» (Ein Nachmittag in Neapel) oder «Le Grog au vin» (Der Punch). Die andern Skizzen Cézannes zu diesem Thema entstanden viel später als das Bild selbst (1863). Im gleichen Jahre machte Cézanne, zusammen mit Pissarro, die Bekanntschaft Renoirs. Bazille, ein Freund Renoirs, nahm die beiden in dessen Atelier mit und stellte sie Renoir mit den Worten vor: «Ich bringe Ihnen hier zwei großartige Nachwuchsmaler.» Zur gleichen Zeit lernte Cézanne auch Manet kennen, dem er mit Zola zusammen durch Guillemet vorgestellt wurde. Er war von Manets Verwirklichungskraft sofort begeistert. «Er spuckt den Ton!» rief er aus, fügte aber später hinzu: «Ja, aber die Harmonie fehlt ihm und auch das Temperament.»

Auch bei Corot, von dem ihm Guillemet unablässig erzählte, vermißte Cézanne dieses «Temperament». Und er fügte hinzu: «Ich male jetzt das Porträt von Valabrègue; das Glanzlicht auf der Nase, das ist reines Zinnober.»

Aus jener Epoche stammen, außer den nicht erhaltenen Bildern «La Femme à la Puce» und «L'Après-midi à Naples», verschiedene hochinteressante Werke wie «Le Jugement de Pâris» (Das Urteil des Paris, 1860), ein Selbstbildnis (1864), das Porträt von Valabrègue (1865), das Porträt des Negers Scipio (1865), das Porträt Marions (1865), das bereits genannte Stilleben «Le Pain et les œufs» (1865) und andere mehr.

Cézanne strebt nach dem Salon Bouguereaus [1866/1895]

Im Jahre 1866 entschließt sich Cézanne, den offiziellen Salon in Angriff zu nehmen. Seine Wahl fiel auf «L'Après-midi à Naples» und «La Femme à la Puce», die seiner Meinung nach von all den «Bourgeois» der Jury am ehesten verstanden würden. Als er die beiden Bilder ins Palais de l'Industrie brachte, gestaltete sich seine Ankunft zu einer wahren Sensation.

Muß man noch sagen, daß die Jury diese Begeisterung nicht teilte? Die beiden Bilder wurden zurückgewiesen, worauf Cézanne dem Oberintendanten der «Beaux-Arts», Monsieur de Nieuwerkerke, einen Protestbrief schrieb, der aber unbeantwortet blieb. Cézanne kam in einem zweiten Schreiben auf die Angelegenheit zurück: Diesmal erhielt er eine Antwort. Am Rande seines Briefes findet sich folgende Notiz:

«Was er will, ist unmöglich. Alles, was die ‚Ausstellung der Abgewiesenen' an einigermaßen Anständigem für die Ehre der Kunst besaß, wurde anerkannt. Es wird nicht mehr darauf zurückgekommen.»

Wie man sieht, hat sich diese Feindseligkeit der «Offiziellen» gegenüber Cézanne von allem Anfang an offenbart, und nichts wird sie je umstimmen können. Aber bald darauf sah er sich gerächt. Zola mußte für die Zeitschrift «L'Evénement» über den Salon von 1866 berichten. Mit Hilfe der ausführlichen Notizen von Guillemet schrieb er über Meissonier, Signol, Cabanel, Robert-Fleury, Olivier-Merson, Dubufe und viele andere so skandalerregende Kritiken, daß die Artikelfolge über den Salon eingestellt werden mußte. Cézannes Freude war vollkommen. Immer wieder sagte er: «Verflucht nochmal, diesen Dreckkerlen hat er es besorgt!»

In das Jahr 1866 fallen auch die Zusammenkünfte im Café Guerbois, wo sich Manet, Fantin, Guillemet, Zola, Cézanne, Renoir, Stevens, Duranty, Cladel, Burty und andere trafen. Guillemet hatte Cézanne im Café Guerbois eingeführt, aber Cézanne gefiel es dort ganz und gar nicht. «Es sind alles Schweinekerle», sagte er zu Guillemet, «sie sind alle so schön angezogen wie Rechtsanwälte.»

In den letzten Monaten dieses Jahres, nach dem Salon, verbrachte Cézanne ein paar Tage bei Zola in Bennecourt an der Seine und reiste dann nach Aix, wo er seinen Vater in einem Fauteuil, die Zeitung lesend, porträtierte. Aus derselben Zeit stammt das Porträt von Achille Emperaire. Es folgten «L'Enlèvement» (Die Entführung) und schließlich 1868, unter dem unmittelbaren Einfluß von Rubens, «Le Festin» (Das Gastmahl) und, nach einer Gravur, die «Léda au Cygne» (Leda mit dem Schwan). Die Idee zu dieser Komposition kam ihm durch das berühmte Bild Courbets «La Femme au Perroquet» (Die Frau mit dem Papagei). Als Cézanne dieses Bild sah, rief er aus: «Und ich werde eine ‚Frau mit dem Schwan' machen!» Eine andere nackte Frau, in derselben Stellung, aber ohne den Vogel und weniger archaisch in der Form, malte er zehn Jahre später für eine Illustration von «Nana».

Ich fragte Cézanne einmal, wie er und Zola den Krieg überstanden hätten. Er antwortete mir: «Hören Sie, Monsieur Vollard! Während des Krieges arbeitete ich sehr viel am Motiv in L'Estaque. Übrigens kann ich Ihnen kein einziges ungewöhnliches Ereignis aus den Jahren 70/71 erzählen. Ich teilte meine Zeit zwischen der Landschaft und dem Atelier. Aber während ich in diesen verworrenen Zeiten gar nichts Abenteuerliches erlebte, erging es meinem Freund Zola ganz anders. Er machte eine Reihe Veränderungen durch, besonders bei seiner endgültigen Rückkehr von Bordeaux nach Paris. Er hatte mir versprochen, mir gleich nach seiner Ankunft in Paris zu schreiben. Erst nach vier langen Monaten konnte er sein Versprechen einlösen! Er beklagte sich darüber, daß nicht alle Dummköpfe gestorben seien! Aber er schloß seinen Brief mit der Aufforderung, auch ich solle möglichst rasch nach Paris zurückkehren. ‚Ein neues Paris ist im Entstehen', erklärte er mir, ‚die Zeit unserer Herrschaft naht'. Unsere Herrschaft naht. Ich fand, Zola übertreibe ein bißchen, wenigstens was mich betraf. Aber ich verstand immerhin, daß ich nach Paris zurückkehren mußte. Schon so lange hatte ich den Louvre nicht mehr gesehen! Aber wissen Sie, Monsieur Vollard, ich saß damals an einer Landschaft, mit der es nicht vorwärts gehen wollte. So blieb ich noch einige Zeit in Aix und arbeitete am Motiv.»

Kurz nach seiner Rückkehr nach Paris (1872) begegnete Cézanne dem Doktor Gachet, einem begeisterten Liebhaber der modernen Malerei. Dieser hervorragende Mann war entzückt von den revolutionären Tendenzen, die er in Cézannes Werk zu verspüren meinte, und er lud den Maler ein, nach Auvers zu kommen, wo er praktizierte, und dort zu arbeiten. Das Vertrauen wuchs, und er gestand schließlich Cézanne, daß auch er sich in der Malerei versucht habe, als er der «hellen Malerei» begegnet sei. Cézanne war begeistert, bei einem «Berufsgenossen» so viel Liebenswürdigkeit zu finden, und er folgte seinem «Kollegen» nach Auvers, wo er zwei Jahre verbringen sollte. Die Bemühungen seiner Familie, ihn nach Hause zurückzurufen, waren erfolglos. Der junge Maler

blieb ihren Bitten gegenüber stumm, und zwar aus mancherlei Gründen, die zum Teil im folgenden Briefausschnitt festgehalten sind:
«In Aix bin ich nicht frei; jedesmal, wenn ich nach Paris zurückkehren will, muß ich einen Kampf ausfechten; obwohl Euer Widerstand nicht absolut ist, geht er mir zu Herzen. Ich möchte, daß meine Freiheit nicht eingeschränkt wird; dann wäre auch mein Wunsch, zu Euch zurückzukehren, nur um so größer; denn ich würde sehr gern im Süden arbeiten, wo sich einem so viele neue Gesichtspunkte eröffnen, und ich könnte dort meine Studien weiterbetreiben ...»
Nach dem Krieg wechselten die Stammgäste des Cafés Guerbois ins «Nouvelle Athènes» hinüber. Cézanne erzählte mir einmal von Forain, den er dort getroffen habe, einen ganz jungen Forain. «Der Schuft, er wußte schon, wie man eine Rockfalte andeuten muß!»
Auch im «Nouvelle Athènes» war wiederum Manet die dominierende Figur. Fantin-Latour hatte 1870 auf seinem berühmt gewordenen Bild ein paar Stammgäste des Cafés Guerbois vereint, die sich wie Schüler um ihren großen Meister Manet (an der Staffelei) drängen. Nur Cézanne blieb der ungewöhnlichen Leichtigkeit des Schöpfers der «Olympia» gegenüber mißtrauisch. «Aber ein schöner Schinken!» sagte er von diesem Bild, dem er eine neue «Olympia», eine «modernere», gegenüberstellen wollte. Manet verhehlte nicht, was er vom Künstler des «Après-midi à Naples» hielt, und bemerkte zu Guillemet: «Wie kannst du nur eine so schmutzige Malerei gern haben?»
Zu den Bildern, die Cézanne in den Jahren 1869/1873 malte, gehören: «La Tentation de Saint-Antoine» [Die Versuchung des heiligen Antonius, 1870]; «Scène de plein air» [Szene im Freien, auf welchem Bild sich der Maler in dem am Boden liegenden Manne dargestellt hat, 1870]; «La Promenade» [Der Spaziergang, 1871]; «Les Toits Rouges» [Die roten Dächer, 1869]; «La Moderne Olympia» [Die neue Olympia, 1872]; «L'Homme au chapeau de paille» [Der Mann mit dem Strohhut, 1872];

«La Maison du Pendu» [Das Haus des Gehängten, 1873]; «La Chaumière dans les arbres» [Die Strohhütte in den Bäumen, 1873] und «La Tentation de Saint Antoine» [Die Versuchung des heiligen Antonius] von 1873.

Die Ausstellungen der Impressionisten

Im Jahre 1874 nahm Cézanne mit Pissarro, Guillaumin, Renoir, Monet, Berthe Morisot, Degas, Bracquemond, de Nittis, Brandon, Boudin, Cals, G. Colin, La Touche, Lépine, Rouart und anderen mehr oder weniger «modernen» Malern, im ganzen ungefähr ihrer dreißig, an einer Ausstellung der «Société anonyme des Artistes peintres, sculpteurs et graveurs» bei Nadar, am Boulevard des Capucines 35, teil. Diese Ausstellung hatte einen ähnlichen Erfolg wie der «Salon des Refusés», der dem «Salon Officiel» angeschlossen war. Aber während dort kein Eintritt verlangt wurde, mußte man für die «Impressionisten» in den Sack greifen, was zur Empörung des Publikums beitrug. Den Namen «Impressionisten» erhielten jene Maler vom Publikum im Hinblick auf ein von Manet ausgestelltes Bild «Impression».

Cézanne fand zu seiner Überraschung einen Liebhaber für sein Bild «La Maison du Pendu» – heute im Louvre – das vom Grafen Doria erworben wurde, der schon bei der Entdeckung von Cals und Gustave Colin einen freiheitlichen Kunstsinn bewies. Es muß allerdings hinzugefügt werden, daß der extravagante Ankauf von Cézannes Bild diesen Kunstliebhaber bei den «Kennern» endgültig in Ungnade brachte.

Drei Jahre später, 1877, stellte Cézanne wiederum mit ein paar Mitgliedern derselben Gruppe in einer Wohnung an der Rue Le Peletier 6 aus, diesmal auf Renoirs Vorschlag, ohne Zögern unter dem Namen «Impressionisten». Man wollte damit keine neue Malerei proklamieren, sondern dem Publikum nur ehrlich sagen: «Hier findet Ihr jene Malerei, die Ihr nicht gern habt! Ihr tretet auf eure eigene Verantwortung ein. Das Geld wird nicht zurückerstattet.» Aber die Macht des Wortes ist so groß, daß man heute noch glaubt, das neue Wort bedeute eine neue Schule. «Sieht man nicht heute noch», sagte mir Renoir bei dieser Gelegenheit, «bloße Theorienhersteller in jenen Malern, deren einziges Anliegen darin bestand, nach dem Beispiel der Alten mit fröhlichen und hellen Farben zu malen.»

Was Cézanne betraf, so muß kaum gesagt werden, daß seine Einsendungen zu dieser Ausstellung bei der Kritik auf einmütige Ablehnung stießen. Sogar Huysmans, der zwar die künstlerische Ehrlichkeit des Malers hoch pries, sprach von «unfaßlichen Gleichgewichtsverschiebungen; von Häusern, die wie Betrunkene nach einer Seite neigen; von windschiefen Früchten in betrunkenen Töpfereien ...»

Obwohl damals, wie auch in seinem ganzen Leben, Cézannes höchste Leidenschaft die Malerei war, beeindruckten ihn die Meisterwerke der Literatur. Vor allem liebte er Molière, Racine, La Fontaine; unter den zeitgenössischen Dichtern schätzte er besonders Baudelaire, Théophile Gautier, Victor Hugo, kurz alle, die sich in farbigen Bildern ausdrückten. Cézanne gehörte zu den ständigen Gästen des Hauses von Nina de Villars, das den Dichtern jener Zeit stets offen stand. Dort begegnete Cézanne Cabaner, einem seiner ersten Bewunderer.

Cabaner war ein netter Kerl, ein bißchen Dichter, ein bißchen Musiker, ein bißchen Philosoph. Das Glück war ihm allerdings nicht hold, aber er kannte keine Eifersucht, so groß war das Vertrauen in sein Musikertalent. Cézanne glaubte an seine Begabung, wie ein Brief an seinen Freund Roux bezeugt, in dem er den Musiker empfiehlt. Übrigens hielt Cézanne die Musik für eine geringere Kunstgattung, ausgenommen die Drehorgel, deren Melancholie seine sentimentale Seele rührte.

Cabaner war nicht der einzige, der Cézanne ermutigte. Der Maler hatte in Monsieur Chocquet, einem einfachen Staatsangestellten und gelegentlichen Kunstsammler, den er durch Renoir kennengelernt hatte, eine große «moralische Stütze» gefunden. Monsieur Chocquet, der ein begeisterter Liebhaber von Delacroix war, fand bei Renoir etwas, das ihn an seinen bevorzugten Meister erinnerte. Damit war die Beziehung hergestellt. Renoir sprach sofort von Cézanne und brachte Monsieur Chocquet sogar dazu, eine Studie zu den «Badenden» zu kaufen. Die größte Schwierigkeit bestand für Monsieur Chocquet darin, das Bildchen bei sich zu Hause einzuschmuggeln, denn der Sammler fürchtete, seine Frau zu verärgern. So verabredete er mit Renoir, ihm das Bild unter dem Vorwand, es ihm vorführen zu wollen, zu bringen und es dann beim Weggehen zu «vergessen». Dann bliebe Madame Chocquet Zeit, sich daran zu gewöhnen. So geschah es auch. Renoir kam mit dem Bildchen. «Ach, wie interessant!» rief Monsieur Chocquet ziemlich laut, um die Aufmerksamkeit seiner Frau zu erregen. «Marie, komm doch mal und schau dir das Bild an, das Renoir mir zeigen wollte!» Madame Chocquet machte ein Höflichkeitskompliment, und Renoir «vergaß» das Bild beim Weggehen.

Als Madame Chocquet aus Liebe zu ihrem Mann die «Badenden» endlich duldete, bat Monsieur Chocquet Renoir, ihm Cézanne mitzubringen. Cézanne, der keine große Sorgfalt auf sein Äußeres legte, erschien mit einer alten Mütze, die er sich von Guillaumin entlehnt hatte. Aber der Empfang war deshalb nicht weniger herzlich. Cézannes erste Worte zu Monsieur Chocquet waren: «Renoir sagte mir, Sie seien ein Liebhaber von Delacroix?» – «Ich bewundere Delacroix, wir können miteinander die Bilder anschauen, die ich von ihm besitze.» Zuerst wurden die Bilder an den Wänden bewundert, dann wurden die Schubladen geleert, in denen die Aquarelle, vor dem Licht geschützt, aufbewahrt lagen. Da die Möbel bald überfüllt waren, legte man den Rest auf den Boden, und Monsieur Chocquet und Cézanne reichten sich die Delacroix auf den Knien. Monsieur Chocquets Bewunderung für Cézannes Bilder stieg gleichzeitig mit der Hochachtung für den Menschen, der sofort ein Freund des Hauses wurde. Monsieur Chocquet verpaßte keine Gelegenheit, Cézannes Lob zu singen. Man konnte vor ihm nie über Malerei sprechen, ohne daß er diese beiden Wörtchen ins Gespräch warf: «Und Cézanne?» Er konnte zwar nie etwas verkaufen, aber er war glücklich, daß man ihn anhörte, wenn er von «seinem Maler» sprach.

Cézanne machte verschiedene Porträts von Monsieur Chocquet, von denen das eine aus dem Jahre 1877, das sein Modell in einem Sessel darstellt, lange Zeit außergewöhnlich bekannt war, weil es für ein Porträt von Henri Rochefort gehalten wurde. Aus derselben Zeit stammt das berühmte Bild der Stiftung Caillebotte «Baigneurs au repos» (Ruhende Badende), das später vom Musée du Luxembourg abgewiesen wurde (heute gehört es zur «Fondation Barnes»). Cabaner fand, dieses Bild habe ein paar «ganz gelungene» Stellen, und sogleich bekam er es von Cézanne zum Geschenk.

Seit 1877 stellte Cézanne nicht mehr mit den «Impressionisten» aus. Für ihn zählte von jeher einzig und allein der «Salon des Artistes Français». Als einer seiner Freunde dort angenommen worden war, kam es ihm ironisch über die Lippen: «Anscheinend hast du jetzt Talent?» Und doch war es der Traum seines ganzen Lebens, diese Türen, die ihm hartnäckig verschlossen blieben, einzustoßen. Seiner Meinung nach würde die Tatsache, im Salon von Bouguereau auszustellen, einen Fußtritt in den A... des «Instituts» darstellen. Eine solche Sprache war natürlich nicht dazu angetan, die «Bouguereau-Bande» versöhnlich zu stimmen, um so weniger, als es unter seinen eigenen Freunden solche gab, die ihn für eine gescheiterte Existenz hielten. Sogar Baille, der nach seinen poetischen Krisen endgültig auf die Erde zurückgekehrt war, brach jede Beziehung zu seinem alten Studienkameraden ab; er warf ihm vor, er habe keinen Sinn für Wirklichkeit, er sei keine «soziale Kraft». Cézanne nahm seinem «Freunde Baptistin» diese Abtrünnigkeit nicht im geringsten übel.

Duranty, ein anderer alter Freund, beschreibt seinen Besuch in Cézannes Atelier folgendermaßen [in Duranty: «Le Pays des Arts»; Cézanne erscheint unter dem Namen «Maillobert»]:

«Meine Augen waren von den riesigen, schrecklich bunten Bildern, die überall herumhingen, so überrascht, daß ich wie versteinert stehen blieb. ‚Aha', sagte Maillobert mit einem näselnden, gedehnten und hyper-marseillanischen Dialekt, ‚der Herr interessiert sich für Malerei? Da sind meine kleinen Farbproben', fügte er hinzu und zeigte auf seine gigantischsten Bilder.

Im gleichen Augenblick hörte ich einen Papagei, der schrie: ‚Maillobert ist ein großer Maler.'

‚Das ist mein Kunstkritiker', sagte der Maler mit einem verwirrenden Lächeln zu mir.

Als ich erstaunt die verschiedenen Apothekertöpfe mit lateinischen Anschriften, die auf dem Boden standen, betrachtete und die Abkürzungen: Jusqui. – Aqu. Still. – Ferrug. – Rhub. – Sulf.Cup. las, sagte Maillobert zu mir: ‚Das ist mein Malkasten. Ich will den andern zeigen, daß man mit Drogen zur wahren Malerei gelangen kann, während sie selber mit ihren schönen Farben nur Drogen herstellen! Schauen Sie, malen kann man nur mit Temperament.'

Er steckte den Löffel in einen der Apothekertöpfe und drückte ihn, mit Grün gefüllt, auf die Leinwand, wo ein paar Linien eine Landschaft andeuteten. Er drehte den Löffel um, und mit Mühe und Not konnte man in seinem Gesudel eine Landschaft entdecken. Ich sah jetzt auch, daß die Farbe auf seinen Bildern fast einen Zentimeter dick war und wie ein

Relief Täler und Hügel bildete.[1] Maillobert glaubte tatsächlich, ein Kilogramm Grün sei grüner als ein Gramm.»

Jedes Jahr schickte Cézanne, ohne sich entmutigen zu lassen, zwei Bilder an den Salon, die jedesmal abgewiesen wurden. Da plötzlich vernahm er im Jahre 1882 zu seiner großen Freude, daß eines der beiden eingesandten Bilder, ein Porträt, angenommen worden sei! Es muß allerdings gesagt werden, daß er nur durch ein Hintertürchen in den Salon einzog. Sein Freund Guillemet, der zur Jury gehörte, hatte sich seiner angenommen. Jedes Mitglied der Jury hatte das Vorrecht, ein Bild eines seiner Schüler ohne Prüfung in den Salon einzuführen. Deshalb steht im Katalog des Salons von 1882 auf Seite 46: «Paul Cézanne, Schüler von M. Guillemet, ,Porträt von M.L.A.'.»

[Leider konnte nie der volle Name oder sonst irgend etwas über dieses Bild in Erfahrung gebracht werden.]

Später wurde der Jury dieses Hoheitsrecht entzogen, und Cézanne verlor so die Möglichkeit, ein zweites Mal im Salon von Bouguereau auszustellen. Aber der Maler hatte das Glück, in einer nicht weniger offiziellen Umgebung ausgestellt zu werden: bei der Weltausstellung von 1889. Allerdings geschah es auch diesmal nur durch Beziehungen, besser gesagt durch einen Handel. Man hatte Monsieur Chocquet um ein wertvolles Möbelstück gebeten, das man gerne in der Ausstellung gesehen hätte. Er war grundsätzlich nicht dagegen, aber nur unter der Bedingung, daß man auch ein Werk von Cézanne ausstellte. Die Bedingung wurde angenommen, aber das Bild wurde so hoch oben aufgehängt, daß es nur der Besitzer und der Maler erkennen konnten.

Aber trotzdem! Cézannes Freude, als er sich wieder einmal «ausgestellt» sah, war unbeschreiblich. Leider konnte er diese Freude nicht mehr mit

---

1] Nach 1880 hörte Cézanne auf, «dick» zu malen, denn, so sagte er, er habe gemerkt, daß «die Malerei nicht dasselbe wie die Bildhauerei sei». Was ihn aber nicht hinderte, gegen das Ende seines Lebens wieder «dick» zu malen.

seinem Vater teilen, der vier Jahre zuvor gestorben war. Immerhin blieb ihm der Trost, daß der Verstorbene bis zuletzt ein unerschütterliches Vertrauen in den Sieg seines Kindes bewahrt hatte. Dieses beispielhafte Vertrauen wurde bei Monsieur Cézanne durch seinen Vaterstolz getragen. Pflegte er doch zu sagen: «Von mir, Cézanne, kann kein Trottel stammen!» Die Mutter des Malers, die acht Jahre später, 1897, starb, fühlte, wie ihr Paul unter der allgemeinen Ablehnung litt und wünschte sehnlichst, die Anstrengungen ihres Sohnes belohnt zu sehen; andererseits war es für sie ohne Bedeutung, ob er verkaufte oder nicht, denn in «ihrem Kleinen stak etwas.»

Im Jahre 1890 stellte Cézanne bei den «Zwanzig» in Brüssel drei Bilder aus: eine «Landschaft», die sich heute im Museum von Berlin befindet; eine «Strohhütte in Auvers-sur-Oise» der Sammlung Chocquet und schließlich eine Komposition von «Badenden».

Zwei Jahre später, 1892, schuf Cézanne eines seiner berühmtesten Werke: «Les Joueurs de cartes» [Die Kartenspieler], nachdem er für die einzelnen Figuren Skizzen gemacht hatte. Es gibt noch ein zweites Bild mit dem gleichen Thema, etwas kleiner und ohne das Mädchen, das am Tisch steht und dem Spiel zuschaut.

Im Jahr 1892 sah ich selbst zum ersten Mal Bilder von Cézanne. Das war bei Tanguy, einem kleinen Farbenhändler an der Rue Clauzel, der sich zum Wohltäter der verkannten Maler erhoben hatte. Vater Tanguy hielt sich, da er in der Zeit der Commune beinahe hingerichtet worden wäre, für einen Revolutionär. In Wirklichkeit war er ein ganz braver Kerl, der den Malern auf Kredit verkaufte und sich leidenschaftlich für ihre Arbeiten interessierte. Seine besondere Vorliebe galt allerdings den «Herren der Schule», wie er sie mit Nachdruck und Hochachtung nannte. Dazu gehörten Guillaumin, Cézanne, van Gogh, Pissarro, Gauguin, Vignon und andere. «Zur Schule gehören» bedeutete für ihn «modern sein»; und um zu diesem Ziel zu gelangen, mußte man nach Vater Tanguys

Meinung vor allem die «braune Sauce» von der Palette verbannen und «dick malen». Insofern glich der gute Tanguy den vielgeschmähten «Bürgern», als er in seinem Innersten davon überzeugt war, Arbeit und gutes Betragen seien nicht nur notwendige Bedingungen, sondern die sichere Grundlage zum Erfolg. So konnte er von dem Schöpfer eines mit der schlimmsten «braunen Sauce» gemalten Bildes sagen: «Er gehört nicht zur ‚Schule', aber er wird trotzdem seinen Weg machen; denn er wettet nicht bei den Rennen und geht nie ins Café.»

Da es damals noch nicht Mode war, die «Greuelwerke» teuer, ja, nicht einmal billig zu kaufen, ging man selten in die Rue Clauzel. Und wenn sich trotzdem ein Liebhaber für einen Cézanne zeigte, führte ihn Tanguy in des Malers Atelier, zu dem er einen Schlüssel besaß, und man konnte unter den verschiedenen Bilderhaufen zum festen Preis von vierzig Francs für die kleinen und hundert Francs für die großen auswählen. Es gab auch Bilder, auf denen Cézanne kleine Skizzen verschiedener Themen gemalt hatte. Er überließ es Tanguy, sie auseinanderzuschneiden. Sie waren für jene Liebhaber bestimmt, die weder vierzig noch hundert Francs zahlen konnten. So konnte man Tanguy sehen, wie er mit der Schere kleine «Motive» verkaufte, während irgendein Mäzen ihm einen Louis hinstreckte und sich mit «drei Äpfeln» von Cézanne davonmachte.

Als ich Tanguy kennenlernte, hatten sich die Verhältnisse etwas geändert. Nicht etwa, daß die Liebhaber hellsichtiger geworden wären; aber Cézanne hatte den Schlüssel zum Atelier wieder an sich genommen, und Vater Tanguy, den Emile Bernard von einem gewissen Wertunterschied zwischen den verschiedenen Werken hatte überzeugen können, hielt die paar Cézanne, die ihm noch blieben, für einen unbezahlbaren Schatz. Er träumet davon, später einmal den «großen Wurf» zu machen, der ihm erlauben würde, seine alten Tage in Sicherheit zu verbringen und sogar den Malern, die nicht zur «Schule» gehörten,

Kredit zu erteilen; und so schloß er «seine Cézanne» in einem Koffer ein. Sie wurden nach seinem Tode im Hôtel Drouot versteigert und waren kaum umstritten.

Die Ausstellung an der Rue Laffitte [1895]

Im Jahre 1895 mußte sich der Staat über die Annahme der Stiftung Caillebotte für das Musée du Luxembourg aussprechen. Unter den Bildern der Stiftung befanden sich ein paar Cézanne, vor allem die «Badenden», die Cézanne seinerzeit Cabaner geschenkt und die Caillebotte nach dessen Tode für die damals ungeheure Summe von dreihundert Francs erworben hatte. Als Cézanne erfuhr, daß seine «Badenden» ins Luxembourg, das Vorzimmer des Louvre, wandern sollten, stieß er den Herzensschrei aus: «Jetzt soll mich Bouguereau am A... l...!» Der Ausspruch hatte großen Erfolg, ausgenommen an hoher Stelle, wo man ihn für eine unverzeihliche Taktlosigkeit hielt. Man rächte sich damit, daß man den «Badenden» den Eintritt ins Luxembourg verwehrte, mit welchem Entschluß die Beaux-Arts sich insgeheim vom Albdruck der gesamten Stiftung Caillebotte zu befreien hofften; sie mußte nämlich nach dem Wortlaut des Testaments gesamthaft angenommen oder abgelehnt werden.

Aber man hatte nicht mit der Gleichgültigkeit der Erben Caillebottes gerechnet. Sie nahmen, in Wahrung des «Sinnes» des Donators, die gestellte Bedingung an, ohne sich um den «Wortlaut» des Testaments zu kümmern. Jetzt mußten die Beaux-Arts ihre Karten aufdecken. Wegen Platzmangels und im Interesse der Maler wurden acht Monet, drei Sisley, elf Pissarro, ein Manet und zwei andere Cézanne, ein «Blumenstrauß» und eine «ländliche Szene», insgesamt fünfundzwanzig Bilder, abgewiesen, womit die Stiftung Caillebotte auf die Hälfte reduziert und den Impressionisten der triumphale Einzug ins Luxembourg verwehrt war.

Die ganze Kundgebung hatte in mir den alten Wunsch, eine Ausstellung von Werken Cézannes zu veranstalten, noch vertieft. Pissarro, der einige der schönsten Bilder des Malers besaß, erbot sich, sie mir zu leihen, unter der einzigen Bedingung, daß der Maler damit einverstanden wäre. Aber ach, die größte Schwierigkeit bestand darin, den Maler ausfindig zu machen. Ich hörte, daß man ihn gesehen habe, wie er im Walde von Fontainebleau malte. Ich durchforschte also die Gegend. Endlich sagte man mir in Avon: «Monsieur Cézanne hat hier wohl gewohnt, aber er ist nun schon seit fast drei Monaten weg!» Wohin? Das wußte man nicht. Bei meinen weiteren Nachforschungen vernahm ich, daß Cézanne in Fontainebleau ein Atelier besaß. Ich glaubte mich schon am Ziel; aber der Besitzer des Ateliers eröffnete mir, sein Mieter sei nach Paris zurückgekehrt; die Adresse sei ihm entfallen. Er erinnere sich nur noch, daß die Straße, an der Cézanne jetzt wohne, den Namen eines Heiligen und eines Tieres trage. Nachdem ich die Pariser Straßenliste vergeblich durchsucht hatte, stieß ich ganz zufällig auf eine Straße, die sowohl an einen Heiligen als auch an ein Tier erinnerte. Einer meiner Freunde wohnte an der Rue des Jardins; ich wußte, daß diese Straße allgemein unter dem Namen Rue des Jardins-Saint-Paul bekannt war, da sie sich in der Nähe der Kirche Saint-Paul befand. Nicht weit davon mündete die Rue des Lions ein. Ich begann zu hoffen. Der Name des Tieres war da, und allem Anschein nach verband er sich im Volksmund mit dem Namen des Heiligen der benachbarten Kirche. Ich beschloß also, an der Rue des Lions-Saint-Paul von Türe zu Türe zu gehen; doch schon in Nummer 2 erhielt ich zu meiner freudigen Überraschung die Antwort: «Monsieur Cézanne? Der ist hier!» Dem Maler selbst sollte ich aber immer noch nicht begegnen; er war wieder in Aix. Immerhin versprach mir sein Sohn, ihm noch am gleichen Tag zu schreiben.

Das Plakat der ersten Cézanne-Ausstellung bei Vollard im Dezember 1895. Das Porträt Cézannes stammt von seinem Freund Pissarro

Einige Zeit später brachte er mir Cézannes Zustimmung. Pissarro konnte sich im letzten Augenblick doch nicht von seinen Bildern trennen; dagegen erhielt ich aus Cézannes Atelier gegen hundertfünfzig Bilder, die mir gerollt übergeben wurden. Denn so bewahrte der Maler sie auf, mit der Begründung, die Rahmen nähmen beim Umzug zu viel Platz weg. Endlich konnte ich in ein paar befreundeten Zeitungen ankünden lassen, daß eine Ausstellung von Werken Cézannes an der Rue Laffitte 39 eröffnet würde [Dezember 1895]. Man konnte hauptsächlich folgende Bilder sehen: «La Léda au Cygne» [Leda mit dem Schwan, 1868], «Le Festin» [Das Gastmahl, 1868], «Portrait de l'artiste par lui-même» [Selbstbildnis, 1880], «La Maison abandonnée» [Das verlassene Haus, 1887], «Etude de Baigneuses» [Badende, Studie 1887], «La Forêt de Chantilly» [Der Wald von Chantilly, 1888], «Le Grand Pin» [Die große Föhre, 1887], «Portrait de Madame Cézanne dans la serre» [Bildnis von Madame Cézanne im Treibhaus, 1891], «Les Bords de la Marne» [An den Ufern der Marne, 1888], «Portrait de l'artiste par lui-même» [Selbstbildnis, 1890], «Jeune fille à la Poupée» [Mädchen mit Puppe, 1894], «Sous-Bois» [Waldinneres, 1894], «Madame Cézanne au chapeau vert» [Madame Cézanne mit grünem Hut, 1888], «Baigneuse devant la tente» [Badende vor dem Zelt, 1878], «Portrait de M.G.» [Bildnis des Herrn G., 1880], «Le Déjeuner sur l'herbe» [Das Frühstück im Freien, 1878], «La Corbeille de pommes» [Der Apfelkorb, 1885], «L'Estaque» [1883], «Le Jas de Bouffan» [1885], «Auvers» [1880], «La Lutte» [Der Kampf, 1885], «Portrait de Madame Cézanne» [Bildnis von Madame Cézanne, 1877].

Die Ausstellung dieser Meisterwerke – oder, wenn man will, Greuelwerke – rief bei allen aufgeklärten und wählerischen Kunstliebhabern, die die Schaufenster der Rue Laffitte absuchten, die heftigsten Reaktionen hervor. Ich hatte die berühmten «Badenden» der Stiftung Caillebotte, die «Leda mit dem Schwan» und ein anderes Aktbild ins Schaufenster gehängt. Das wurde als eine Beleidigung der Kunst, von einigen noch dazu als eine Beleidigung des Schamgefühls angesehen.

Das «Journal des Artistes» gab den allgemeinen Ton der Kritik vom Jahre 1895 wider, als es sich ängstlich fragte, ob seine reizenden Leserinnen beim Anblick «dieser bedrückenden Scheußlichkeiten, die das Maß der gesetzlich erlaubten Unflätigkeiten übersteigen», nicht von Übelkeit befallen würden.

Immerhin begnügte sich die Mehrzahl der Gaffer damit, ihrer Entrüstung laut Ausdruck zu geben, ohne sich aber im eigentlichen Sinne des Wortes betrogen zu fühlen. Die Künstler dagegen fanden, ihre Interessen seien verletzt und ihre Würde angegriffen. Sie glaubten, das alles werde mit Gold bezahlt, und sagten mit einer Wut, die ihnen selten so berechtigt schien: «Und warum werde ich nicht gekauft?» So stürzte einmal der berühmte Maler Quost, der den Beinamen «der Corot der Blume» führte, zu mir und fragte mich in angriffigem Ton, «was denn dieses Zeug da im Schaufenster bedeute». Ich antwortete natürlich, daß ich weder Maler noch Kunstkritiker, ja nicht einmal Sammler sei und deshalb darüber kein maßgebendes Urteil abgeben könne, aber der Katalog trage die Bezeichnung «Blumen». «Was, Blumen!» rief der alte Meister aus, «hat denn Ihr Maler je überhaupt eine Blume angeschaut? Mein Herr, wie lange habe ich die Blume studiert! Sie wissen ja, wie mich meine Kollegen nennen: den ‚Corot der Blume'!» Und er hob die Augen zur Decke: «Kronen, Staubfäden, Kelche, Stengel, Stempel, Griffel, Blütenstaub, wie oft habe ich sie gezeichnet und gemalt! Mehr als dreitausend Einzelstudien, mein Herr, bevor ich nur wagte, mich an das kleinste Wiesenblümchen heranzumachen! Und ich verkaufe nicht!» Dann fügte er mit einem Lächeln hinzu: «Hat Ihr Maler Papierblumen als Modell benutzt?» Ich mußte zugeben, daß Cézanne, der ursprünglich nach Papierblumen gearbeitet hatte, weil sie weniger schnell verblühen, schließlich diesen Blumenstrauß nach einem Stich gemalt hatte, um im Hinblick auf die Stellung sicherer zu sein.

Endlich kam auch der erste ernsthafte Kunde. Es war ein blinder Sammler, und zwar war er von Geburt blind, wie er mir selber sagte, aber als Sohn und Enkel von Künstlern war ihm Kunstsinn angeboren. Als Ersatz für sein fehlendes Augenlicht hatte er einen jungen Mann bei sich, der einmal etwas Malerei betrieben hatte, so daß er in die Erklärungen, die er seinem blinden Meister gab, zu dessen großer Freude fachmännische Ausdrücke einzuflechten vermochte. Ich vernahm auch, daß sich der blinde Sammler, der ein Anhänger der «alten Schule» war, nur aus Verehrung für Zola dazu entschlossen hatte, einen Cézanne zu kaufen. Er bat mich, ihm Bilder aus der ersten Zeit zu zeigen, als Cézanne «noch nicht ans Verkaufen gedacht und deshalb seinen Bildern mehr Sorgfalt habe angedeihen lassen». Er nahm die Bilder und ließ die Finger darüber gleiten, wobei sein Gehilfe ihn führen und ihm alle Einzelheiten erklären mußte. Schließlich entschied er sich für ein Bild, das mit dem Spachtel gemacht war. «Obwohl ich ein begeisterter Anhänger der Zeichnung bin, sehe ich auch nicht ungern, wenn ein Maler sich seinen eigenen Eindrücken überläßt. Ich bin nämlich für die Ehrlichkeit.» Er vertraute mir auch an, daß er sich eine Wasserwirkung gewünscht habe und deshalb glücklich sei, ein breitformatiges Bild gefunden zu haben, auf dem sich «das Wasser besser ausbreiten könne».

Die außergewöhnlichsten Besucher lösten sich bei mir ab. Einer war darunter, der für vierhundert Francs eines der schönsten Bilder der Ausstellung kaufte und mich dann fragte: «Warum sind die sogenannten guten Bilder so häßlich anzuschauen?» Als ich diese Unterhaltung, die mir gefährlich schien, auf eine andere Bahn lenken wollte, versicherte er mir, daß er nicht aus Liebe einen Cézanne kaufe, nein, Gott bewahre! sondern um später das große Geschäft zu machen. Ich mußte ihn für seinen Spürsinn beglückwünschen und versuchte, ihn in ein größeres Geschäft hineinzulocken, aber er wollte nicht «das ganze Spiel auf eine Karte setzen».

Ich erinnere mich auch an einen Besuch bei einem Maler, Herrn M ..., dem Cézanne ein paar Bilder geschenkt hatte. Als ich ihn bat, sie mir zu zeigen, fragte er mich: «Sind Sie Liebhaber oder Käufer?»
«Je nachdem auch Käufer.»
«Dann zeige ich Ihnen meine eigenen Bilder. Wie finden Sie dieses Stilleben?»
«Ganz schön. Aber Cézanne?»
«Cézanne ist ein Freund von mir. Wissen Sie, ich vertrage nicht, daß man sich über meine Freunde lustig macht. Damit man seine Bilder nicht vor mir verspottet, und weil es schade wäre, so gute Leinwand kaputtgehen zu lassen, habe ich sie übermalt.»
Eine andere Erinnerung, die ich von dieser Ausstellung bewahrt habe, ist mein Streit mit dem Maler Z... Als er des Lobes voll über Cézannes farbliche Begabung sprach, glaubte ich, ihm eine Freude zu machen, wenn ich eine kleine Skizze von «Badenden» gegen irgendeines seiner eigenen Werke eintauschte. Er schaute mich überrascht an: «Ja, wissen Sie denn nicht, daß ich im Salon für die dritte Médaille vorgeschlagen bin?» Beim heutigen Preis der Bilder dieses drittprämierten Malers zweifle ich, ob er mit dem Verkauf seines ganzen Ateliers den Wert dieses verschmähten kleinen Bildchens herausschlagen könnte.
Cézanne selbst wäre einmal beinahe auf eine noch typischere Ablehnung gestoßen. Pissarro hatte einen seiner Freunde, der in Aix vorbeikam, gebeten, Cézanne «Grüße auszurichten». Monsieur Félicien Champsaur begab sich also ins Jas de Bouffan, wo ihm ein freundlicher Empfang zuteil wurde. Um sich seinerseits höflich zu erweisen, machte er dem Maler ein paar abgedroschene Komplimente; er ging sogar sowelt, zwei Blumensträuße zu loben. Cézanne war begeistert, einen Bewunderer seiner Kunst gefunden zu haben, und gab sie ihm zum Geschenk. Monsieur Champsaur war ein gut erzogener Mensch; obwohl es für ihn lästig war, Bilder auf seiner Reise herumzuschleppen, nahm

er die Bilder an, weil er Pissarros Freund nicht beleidigen wollte.
Viele von jenen, die sich am meisten für die Ausstellung interessierten, bearbeiteten mich, die Aktbilder aus dem Schaufenster wegzunehmen, weil das Publikum noch nicht reif genug sei, und ein solches Schauspiel den besten Willen entmutigen könne. Ich gab schließlich widerstrebend nach; aber ein Besucher entdeckte im Laden, hinter andern Bildern, die «Leda mit dem Schwan» und kaufte sie auf der Stelle. So wurde das erste Aktbild, das ich während der Ausstellung verkaufte, von Monsieur Auguste Pellerin erworben.

Am letzten Tag der Ausstellung erschien ein Besucher, in dem ich wegen der Art, wie er kennerhaft jedes einzelne Bild betrachtete, nochmals einen Käufer witterte. Aber plötzlich brach er das Schweigen und ließ die Worte fallen: «Der Unglückliche! Weiß er denn nicht, daß der große Lucretius gesagt hat: Ex nihilo nihil, in nihilum nil posse reverti!» Der erhoffte Käufer war tatsächlich nur einer jener «Professoren», von denen Cézanne zu sagen pflegte, sie hätten «nichts im Ranzen».

Als ich ihn aufs Geratewohl fragte, ob er Cézanne kenne, antwortete er: «Homo sum: humani nihil a me alienum puto! Aber wir verkehren in Aix nur unter Professoren!»

Kurze Zeit später hatte ich Gelegenheit, noch andere Landsleute Cézannes zu sehen; denn nachdem ich den Parisern die Gelegenheit geboten hatte, Cézannes Bilder kennenzulernen, nahte der Augenblick, wo ich es mir leisten konnte, Cézanne persönlich kennenzulernen.

Mein Besuch bei Cézanne [1896]

Stendhal findet die Strecke zwischen Marseille und Aix abscheulich. Für mich war diese Reise ein einziges Entzücken. Ich glaubte, die Eisenbahnschienen führten mitten durch Bilder von Cézanne.

UN COMBLE

Très charmantes lectrices, qui vous intéressez si fort à tout ce qui de près ou de loin, touche l'art, et, bravant les rigueurs hivernales, allez quand même dans les expositions, — rive droite ou rive gauche, — porter en ces milieux mondains l'exquise grâce de vos sourires et de vos louanges, ayez le courage, c'est presque un sacrifice que je vous demande, — heureusement votre sexe a reçu du ciel, ce don en partage de pouvoir facilement sans frémir, faire guillotiner le père de vos enfants, témoin, de récente mémoire, ce procès qui a surexcité tellement l'émotion populaire, non calmée encore, bien que cependant la conclusion eût tournée au détriment de la dame et de ses rêves!...

Aussi, tout en m'excusant de cette longue incidence, vous prierai-je de faire une halte chez Vollard, marchand de tableaux, rue Laffite, lequel exhibe dans son sombre local, — Dieu soit loué! — une cinquantaine de toiles non signées, qui font en ce moment courir le tout Paris.

Non signées! c'est incroyable, n'est-ce pas? par ce temps de réclame à outrance, où on se collerait volontiers des affiches signées de Chéret ou d'autres, — sur les fonds de culottes, entre les omoplates, autour du gibus et sur l'estomac! — En cette occurence, nous pensons que l'artiste a obéi encore à un dernier sentiment de retenue et de pudeur, à moins qu'il n'étouffe d'orgueil!

Démasquons-le! Césanne! — ouvre-toi? Il est joli ce nom musical; il vous séduit déjà, mesdames, mais hélas! trois fois hélas! la peinture ne l'est pas du tout!...

Donc, je ne doute aucunement que vos beaux yeux se refusent à admirer de pareilles insanités et je vous vois exprimer une sainte horreur; et vos lèvres purpurines faire une moue dédaigneuse. Pouah!! et fuir, fuir bien vite, afin d'échapper à la cauchemardante vision de ces atrocités à l'huile, dépassant aujourd'hui la mesure de fumisterie légalement autorisée. On se peut fiche du monde, mais à ce point-là, non!...

Le plus étourdissant, c'est qu'il se rencontre des critiques d'art connus, dont nous tairons les noms par respect humain, — pour exalter de telles insanités! — que la camaraderie se fasse parfois la complice de petites lâchetés, c'est excusable jusqu'au moment où on veut vous imposer des noms au public et lui faire prendre des vessies pour des lanternes?...

Qu'en dit M. Gustave Geffroy, le créateur des musées du soir?...

C'est un vilain métier que font d'aucuns de nos confrères, car la crédulité à des bornes et la confiance des limites!

Césanne! un grand maître? voilà un comble!...

Georges DENOINVILLE.

Als ich dem Maler gegenüberstand, konnte ich nur mit Mühe meine Überraschung verbergen. Ich erkannte in ihm einen Besucher, der vor zwei Jahren zu mir in eine Ausstellung von Werken Forains gekommen war. Nachdem er damals alles sehr aufmerksam betrachtet hatte, sagte er, die Hand schon auf der Türklinke, zu mir: «Im Jahre 1875, als ich einmal im Louvre war, sah ich, wie ein junger Mann einen Chardin kopierte; ich ging näher, und als ich sein Werk angeschaut hatte, dachte ich bei mir: Der wird seinen Weg machen, denn er bemüht sich, in der Form zu zeichnen! Das war Ihr Forain!»

Cézanne streckte mir die Hände entgegen: «Mein Sohn hat mir oft von Ihnen erzählt. Aber bitte, entschuldigen Sie mich, Monsieur Vollard, ich will mich bis zum Essen ausruhen. Ich komme soeben vom ‚Motiv'. Paul wird Ihnen das Atelier zeigen.»

Das erste, was mir – gleich unter der Türe – in die Augen fiel, war eine große «Bauern»-Figur, von Spachtelstichen durchlöchert. Cézanne konnte aus dem belanglosesten Grunde wütend werden und übertrug dann seinen Zorn auf seine Bilder. Allerdings war auch Paul, das Söhnchen, an der Zerstörung einiger Cézanne schuld. Er machte Löcher in die Bilder, und sein Vater hatte seine helle Freude daran: «Der Sohn hat Fenster und Kamine aufgetan; der kleine Schuft sieht ganz genau, daß es ein Haus ist!»

Cézanne liebte alles leidenschaftlich, was mit Kunst zu tun hatte; aber er wollte es in den Museen sehen, an ihrem angestammten Platz. So gab es auch in seinem Atelier weder wertvolle Bilder noch kostbare Möbel, überhaupt nichts von all dem Trödel, auf den arrivierte Künstler so viel Wert legen. Auf dem Boden lag eine große Mappe mit Aquarellen; auf einem Teller standen, im letzten Stadium der Fäulnis, ein paar Äpfel Modell; beim Fenster befand sich ein Vorhang, der seit jeher als Hintergrund für Figuren und Stilleben diente; schließlich hingen an den Wänden Stiche oder Photographien von Poussins «Bergers d'Arcadie»

[Schäfer in Arkadien]; von Luca Signorellis «Vivant portant le Mort» [Lebender, der den Toten trägt]; ein paar Delacroix; Courbets «Enterrements d'Ornans» [Begräbnis von Ornans]; Rubens' «Mariä Himmelfahrt»; Pugets «Amour» [Amor]; ein paar Forain; Prud'hons «Psyché» [Psyche] und sogar die «Orgie romaine» [Römische Orgie] von Couture.

Beim Nachtessen, zu dem ich eingeladen war, zeigte sich Cézanne wohlgelaunt. Besonders fiel mir seine außergewöhnliche Höflichkeit auf und seine ganze Art, andere um den kleinsten Dienst zu bitten. Sein Lieblingswort war: «Entschuldigen Sie bitte.» Trotz aller dieser Aufgeschlossenheit und Höflichkeit kontrollierte ich meine Worte ganz genau, da ich auf keinen Fall seinen leicht erregbaren Zorn heraufbeschwören wollte. Aber meine ganze Vorsicht hinderte mich nicht, eine Riesendummheit zu begehen. Man sprach über Gustave Moreau. Ich sagte: «Er soll ein ausgezeichneter Professor sein.» In dem Augenblick, als ich diese Meinung zu äußern wagte, wollte Cézanne gerade sein Glas an den Mund setzen; er hielt die Bewegung an, ohne das Glas abzustellen, und legte die andere Hand ans Ohr, um mich besser zu verstehen, denn er hörte nicht gut. Das Wort «Professor» traf ins Schwarze; es war für ihn wie eine elektrische Entladung. «Die Professoren», schrie er und stellte sein Glas so heftig auf den Tisch, daß es zerbrach, «sind lauter Schweinehunde, Eunuchen, A... l...; sie haben überhaupt nichts im Ranzen!»

Ich war vollkommen bestürzt. Über die Verwüstung, die er angerichtet hatte, war Cézanne zuerst ganz verblüfft. Dann lachte er nervös auf und kam auf Gustave Moreau zurück: «Wenn dieser feine Ästhet lauter abgedroschenes Zeug macht, so deshalb, weil seine Kunstträume nicht durch die Erregung vor der Natur, sondern durch das, was er in den Museen gesehen hat, hervorgerufen werden. Ja, noch schlimmer, durch philosophisches Denken, das aus seiner allzu großen Kenntnis der von

ihm bevorzugten Meister stammt. Ich möchte diesen guten Kerl einmal in meine Hände bekommen, um ihm die gesunde, stärkende und einzig richtige Vorstellung von der Bereicherung der Kunst durch die enge Beziehung zur Natur einzuhämmern. Der entscheidende Punkt liegt darin, verstehen Sie, Monsieur Vollard, sich von der Schule, von jeder Schule, loszulösen! Pissarro hatte also recht und ging nur ein bißchen weit, als er sagte, man sollte alle Nekropolen der Kunst verbrennen.» Etwas später fiel der Name eines Jünglings aus Aix, der in Paris die Matura bestanden und sich in Mathematik ausgezeichnet hatte. Da wollte ich die Stadt Aix loben und war glücklich, einen banalen, jeder Kritikmöglichkeit entbehrenden Stoff gefunden zu haben. So äußerte ich den Gedanken, Aix müßte stolz sein, einen zukünftigen Gelehrten zu seinen Söhnen zu zählen. Monsieur Cézanne junior machte mir ein Zeichen. Ich wagte im Augenblick nicht weiterzufragen, aber nach Tisch bekam ich die Erklärung für jene Handbewegung. «Mein Vater verabscheut die Gelehrten», sagte der junge Mann zu mir: «er findet, ein Gelehrter sei nicht mehr wert als ein Professor.» Glücklicherweise sah man an jenem Abend weder Gelehrte noch Professoren; somit verlief alles aufs beste; im weiteren Verlauf des Essens sprach man immer mehr von Malerei und Literatur. Cézanne tat seine Begeisterung für Courbet kund, «abgesehen davon, daß er etwas schwerfällig im Ausdruck ist». Ich sprach über Verlaine. Cézanne unterbrach mich: «Einer, der wirklich stark ist, das ist Baudelaire. Seine ,Art romantique' ist großartig, und er täuscht sich nicht in den Künstlern, die er schätzt.»
Cézanne konnte weder van Gogh noch Gauguin ausstehen. Emile Bernard erzählt, van Gogh habe Cézanne einmal ein paar Bilder gezeigt und ihn gefragt, was er davon halte. Da habe Cézanne geantwortet: «Ehrlich gesagt, Sie malen wie ein Verrückter!»
Gauguin hingegen warf er vor, er habe ihm «sein bißchen Eigenart ausrauben» wollen. Ich versäumte es nicht, Cézanne bei dieser Gelegenheit

zu sagen, welche Bewunderung und Hochachtung Gauguin für ihn empfinde; aber Cézanne dachte schon nicht mehr an den Maler von Tahiti. «Begreifen Sie doch, Monsieur Vollard,» sagte er und versuchte, mir über sein eigenes Los Mitleid einzuflößen, «ich habe ein bißchen Einfühlungsvermögen, aber ich kann mich einfach nicht ausdrücken; ich bin wie einer, der ein Goldstück besitzt und es nicht zu verwenden versteht!»

Um den Meister auf andere Gedanken zu bringen, eröffnete ich ihm, daß ein Kunstliebhaber in meinem Laden drei Bilder von ihm auf einen Schlag gekauft habe. «Ist es ein Landsmann?» wollte Cézanne wissen. «Es ist ein Ausländer, ein Holländer.»

«Die haben schöne Museen!» Und plötzlich rief er aus: «Ach, wann endlich werde ich ein Bild von mir in einem Museum sehen?»

Ja, soeben hatte der Direktor der Berliner Nationalgalerie, Herr von Tschudi, den Wunsch geäußert, das Bild «Jas de Bouffan» zu erwerben. Ich teilte es Cézanne mit und klagte bei dieser Gelegenheit über die Vorurteile des deutschen Kaisers gegenüber den «Impressionisten». «Er hat recht,» antwortete Cézanne, «mit den Impressionisten ist man angeschmiert; man müßte Poussin nach der Natur malen. Da liegt alles drin.» Und er neigte sich vertraulich zu mir: «Wilhelm ist sehr stark!» Bald hatte ich aber Gelegenheit festzustellen, daß das Einverständnis zwischen dem deutschen Kaiser und Cézanne nicht vollkommen war. Als ich den Namen Kaulbach erwähnte, von dem, wie es hieß, Wilhelm zu sagen pflegte: «Auch wir haben einen Delaroche», donnerte Cézanne los: «Die Malerei eines Eunuchen gilt für mich überhaupt nicht!»

Wir sprachen von Corot. Cézanne erstickte fast vor Lachen: «Emile sagte, er könnte Corot voll und ganz genießen, wenn er seine Wälder statt mit Nymphen mit Bauernmädchen bevölkerte.» Und er drohte dem unsichtbaren Zola mit der Faust: «Verfluchter Dummkopf!» Dann legte sich seine Wut plötzlich, und er fügte mit erregter Stimme hinzu: «Ent-

schuldigen Sie bitte, Monsieur Vollard, ich liebe Zola sehr!»
Über Puvis de Chavannes mußte ich ihn gar nicht um seine Meinung fragen. Renoir hatte mir erzählt, daß man einmal im Atelier eines ihrer Freunde von Puvis gesprochen habe, und jeder habe den «Armen Fischer» [Pauvre Pêcheur] gelobt. Cézanne, von dem man meinte, er sei eingeschlafen, habe sich etwas erhoben und gesagt: «Jawohl, es ist gut nachgemacht!» Ich muß hinzufügen, daß Puvis de Chavannes in meiner Cézanne-Ausstellung jedes Bild genau angeschaut hatte und dann kopfschüttelnd weggegangen war.
Cézanne hielt auch nichts von Whistler oder Fantin-Latour, wobei die Abneigung auf Gegenseitigkeit beruhte. Als Whistler bei mir das «Portrait von Cézannes Schwester» sah, das so stark einem Greco gleicht, sagte er allen Ernstes: «Wenn ein zehnjähriges Kind das auf seine Schiefertafel gemalt hätte, wäre es von seiner Mutter, falls sie eine gute Mutter ist, durchgeprügelt worden!»
Dasselbe bei Fantin-Latour. Ich traf bei ihm mit einem Konservator des Louvre zusammen, den ich um die Erlaubnis bat, ein oder zwei Cézanne ins Museum bringen zu dürfen, um sie mit den Bildern von Chardin und Rembrandt zu konfrontieren. Fantin-Latour war das Wohlwollen in Person und gab, besonders über die Maler, nur gedämpfte Urteile ab; aber bei der bloßen Vorstellung, daß ein Bild von Cézanne durch die Säle des Louvre wandern könnte, platzte er heraus: «Spielen Sie in meiner Gegenwart nicht mit dem Louvre!»

Aix und seine Einwohner

Cézanne liebte seine Heimatstadt, in der ihn jedes Haus, jede Straße an seine Jugend erinnerte, leidenschaftlich. Dagegen hielt er die Leute von Aix für «Barbaren». Sie beurteilten ihn nicht weniger streng; allerdings war ihre Verachtung für ihren Landsmann von dem Tag an nicht mehr so unnachsichtig, als Cézannes Bilder gekauft wurden.

Ich hatte mir vorgestellt, mich in Aix nur bücken zu müssen, um die Cézanne «aufzulesen»: Man erzählte, der Maler habe lange Zeit dem Erstbesten Bilder geschenkt oder sie sogar «beim Motiv» einfach liegengelassen, wie das Aquarell der «Badenden», das Renoir auf einem Spaziergang in den Felsen von L'Estaque gefunden hatte. Doch ich hatte mich getäuscht; die Einwohner von Aix ließen sich von solchen «Sudeleien» nicht verleiten. Aber da kam plötzlich ein Individuum mit einem Paket zu mir ins Hotel. «Ich habe einen», sagte der Mann ohne Umschweife, «und da die Pariser das wollen und man ein Geschäft damit machen kann, will ich auch dabei sein!» Er öffnete das Paket und zeigte mir einen Cézanne. «Nicht unter hundertfünfzig Francs!» schrie er und schlug sich auf die Schenkel, um seiner Forderung Nachdruck zu verleihen und um sich auch selbst Mut zu machen. Als ich ihm das Geld ausgezählt hatte, sagte er zu mir: «Cézanne meint, er sei schlau, aber er ist schön hereingefallen, als er mir das schenkte!» Nachdem er seiner Freude genügend Ausdruck gegeben hatte, forderte er mich auf, mit ihm zu kommen. Er führte mich in ein Haus, auf dessen Flur, der in Aix gewöhnlich als «Grümpelkammer» dient, einige wunderschöne Cézanne neben den unmöglichsten Dingen lagen. Mein Führer klopfte an die Tür, die sich, von einer Eisenkette zurückgehalten, etwas öffnete. Ein Mann und eine Frau kamen herbeigerannt. Fragen wurden gestellt, sehr viele Fragen. Drinnen folgte wiederum ein endloses Gespräch; schließlich verlangte man von mir für die Cézanne auf dem Flur tausend Francs. Ich gab sofort eine Banknote. Wieder eine Geheimunterredung der drei; es wurde mir endlich mitgeteilt, das Geschäft sei erst nach Verifikation der Banknote auf dem Crédit Lyonnais gültig. Als der Mann zurückkam und den Gegenwert in Gold, das «wegen der Brandgefahr sicherer war», mitbrachte, war die Freude so groß, daß ich eine Schnur

als Zugabe erhielt, um die Cézanne zusammenzubinden. «Die Schnur ist gut», meinte die Frau zu mir, «wir geben sie nicht jedem Beliebigen.»
Meine Überraschung war noch nicht zu Ende. Kaum hatte ich das Haus verlassen, als man mir vom Fenster aus zurief: «He, Sie Künstler, Sie haben eins vergessen!» Und eine Landschaft von Cézanne fiel mir vor die Füße.
Später ließ ich mich zu einer gewissen Gräfin R. führen, die, wie man mir gesagt hatte, ein paar Cézanne besaß, aus denen sie sich überhaupt nichts machte. Ich glaubte die Bilder schon in meinem Besitz. Entgegen meiner Erwartung wurden meine Kaufvorschläge hochmütig zurückgewiesen. Es wurde mir nicht einmal erlaubt, die Bilder anzuschauen. «Sie sind auf dem Estrich ... und ich habe Ihnen ja schon gesagt, daß es mit Kunst nichts zu tun hat ...»
Ich erwiderte: «Aber es ist Geld wert, und wenn die Ratten ...»
Die Gräfin unterbrach mich lebhaft: «Also gut! Sollen ‚meine' Ratten meine Cézanne fressen, aber ich bin keine Krämerin!»
Ich wurde meinerseits von Leuten aus der Gegend heimgesucht, die malten oder malen wollten, da «das» in Paris gekauft wurden. Unter diesen Palettenmaklern befand sich an erster Stelle eine Apothekerin, die sich rühmte, von Cézanne Ratschläge und Aufmunterungen zu erhalten. In ihren freien Stunden malte sie mit viel Liebe kleine Schäfchen.
Ich sprach mit Cézanne über seine Schülerin. «Hören Sie, Monsieur Vollard, Madame S. bat mich, ihr Stunden zu geben. Ich sagte zu ihr: ‚Nehmen Sie sich ein Beispiel an mir; man muß sich vor allem bemühen, seine Persönlichkeit zu entwickeln.' Sie ist eine gute Arbeiterin; wenn ich so tüchtig wäre wie Madame S., wäre ich schon lange im ‚Salon' aufgenommen worden.»
Auf diese Weise gelang es Cézanne, bei vielen Leuten die Meinung zu bestärken, er sei ein «Versager». Aber wenn er Madame S. zum Malen ermutigte, geschah es nicht, um sich über sie lustig zu machen; denn er

schätzte jeden, der sich ernsthaft bemühte, seine Persönlichkeit zu entwickeln. Er fand diese Ehrlichkeit weder bei Signol noch bei Dubufe, von dem er im Museum von Aix einen «schrecklich gutgemalten» «Prisonnier de Chillon» [Gefangener in Chillon] gesehen hatte. Bei Bouguereau spürte er mehr Ehrlichkeit. Manchmal ging er sogar in einem Wutausbruch gegen sich selbst soweit, daß er schrie: «Ich möchte Bouguereau sein!» Und er fügte sofort hinzu: «Der hat seine Persönlichkeit entwickelt!»

Nach einem Besuch bei Cézannes Schwester, «Mademoiselle Marie», spazierte ich mit Cézanne am Arc entlang. Wir flohen vor der Hitze; kein Lüftchen wehte. «Diese Hitze», sagte Cézanne zu mir, «ist sicher nur für die Ausdehnung der Metalle und für die Absatzsteigerung der Getränke gut, eine Industrie, die in Aix beträchtliche Ausmaße anzunehmen scheint. Ich ärgere mich sehr über die Ansprüche der Intellektuellen meiner Heimat; so viele A... I..., Dummköpfe und Schelme!»
«Aber es gibt sicher auch Ausnahmen?» erwiderte ich. «Die Ausnahmen, vielleicht gibt es welche, bleiben verborgen. Die Bescheidenheit kennt sich stets selbst nicht. Jo mag ich gut.»[1]
Cézanne blickte lange, mit der Hand über den Augen, an einen bestimmten Punkt am Fluß: «Wie schön wäre es doch, hier einen Akt zu malen. Am Wasser vervielfachen sich die Motive; dieselbe Gegend, aus einem andern Gesichtspunkt betrachtet, liefert das Thema für die verschiedensten Studien, so daß ich mich monatelang damit beschäftigen könnte, ohne den Platz zu wechseln, nur indem ich mich manchmal mehr nach rechts, dann wieder mehr nach links neigen würde.»
Dann fuhr er fort: «Wissen Sie, Monsieur Vollard, das Malen ist mir weitaus das liebste. Ich glaube, vor der Natur werde ich hellsichtiger. Leider geht bei mir die Verwirklichung meiner Empfindungen immer nur

1] Gemeint ist der Dichter Joachim Gasquet.

sehr mühsam vor sich. Ich kann den wunderbaren Farbreichtum der Natur einfach nie erreichen. Schauen Sie diese Wolke an; das möchte ich wiedergeben können. Monet, ja, der kann es. Er hat Muskeln.»
Claude Monet war unter den zeitgenössischen Malern derjenige, den Cézanne am höchsten einschätzte. In seinem Haß gegen den Impressionismus schleuderte er zwar manchmal folgende launische Geistesblitze gegen den Maler der «Stunden»: «Monet, das ist nur ein Auge.» Doch fügte er sogleich hinzu: «Mein Gott, aber was für ein Auge!»

Wir waren in die Stadt zurückgekehrt. Cézanne führte mich vor die Kirche Saint-Sauveur, auf deren Portale aus massivem Nußbaumholz mit Skulpturen vom Ende des fünfzehnten Jahrhunderts er mich aufmerksam machte. Im Innern zeigte er mir auch ein Bild «Der brennende Busch», das die braven Leute von Aix König René zuschrieben. «Auf alle Fälle», sagte er, «ist es verdammt gut nachgemacht.»
Wir traten aus der Kirche, und Cézanne ging nach Hause, denn es war Zeit für seine Mittagsruhe. Er riet mir, auf die «Promenade» zu gehen, – einen der schönsten Plätze von Aix mit goldenen Platanen und drei Brunnen, von denen der mittlere warmes Wasser gibt – und dort das Konzert anzuhören.

Cézanne malt mein Porträt [1896/1899]

Meine Beziehungen zu Cézanne beschränkten sich nicht nur auf meinen Besuch in Aix; ich sah ihn bei all seinen Reisen nach Paris wieder, und er zeigte sich mir gegenüber so wohlwollend, daß ich ihn eines Tages zu bitten wagte, mich zu porträtieren. Er war gern damit einverstanden, und wir verabredeten uns auf den folgenden Tag in seinem Atelier an der Rue Hégésippe-Moreau. Als ich eintrat, erblickte ich mitten im Ate-

lier einen Stuhl, hoch oben auf einer Kiste, die wiederum auf vier schwache Stützen gestellt war. Nicht ohne Beunruhigung schaute ich mir dieses Podest an. Cézanne erriet meine Befürchtungen. «Ich habe den Stuhl für die Sitzung selbst vorbereitet. Oh, es ist ganz ungefährlich, Monsieur Vollard, wenn Sie nur das Gleichgewicht bewahren. Man sitzt ja schließlich nicht Modell, um sich zu bewegen!»
Einmal oben auf dem Stuhl – und mit welcher Vorsicht! – hütete ich mich wohl, eine einzige Bewegung zu machen; im Gegenteil, ich blieb völlig starr. Aber gerade diese Starrheit schläferte mich schließlich so sehr ein, daß mein heldenhafter Kampf gegen den Schlummer erfolglos blieb; mein Kopf neigte sich zur Seite, und im gleichen Augenblick dämmerte ich ein. Auf einen Schlag war das Gleichgewicht gestört, und der Stuhl, die Kiste und ich selbst, alles lag am Boden. Cézanne stürzte sich auf mich: «Sie Unglücksmensch! Jetzt haben Sie die Stellung verändert. Ich sage es Ihnen ja, Sie müssen stillhalten wie ein Apfel. Bewegt sich denn ein Apfel?»
Von diesem Tage an goß ich vor der Sitzung immer eine Tasse schwarzen Kaffee hinunter; außerdem paßte Cézanne gut auf mich auf, und wenn er an mir nur das geringste Anzeichen der Müdigkeit zu entdecken glaubte – ein Vorzeichen des Einschlafens – warf er mir einen solchen Blick zu, daß ich wie ein Engel augenblicklich wieder meine Stellung einnahm, das heißt wie ein Apfel, und ein Apfel bewegt sich nicht.
Die Sitzungen dauerten von morgens acht bis halb zwölf Uhr. Wenn ich kam, legte Cézanne den «Wallfahrer» oder das «Kreuz» weg, die seine bevorzugte Lektüre waren. «Diese Leute sind sehr stark», sagte er jeweils zu mir, «sie stützen sich auf Rom.»
Das Atelier an der Rue Hégésippe-Moreau war noch einfacher ausgestattet als dasjenige in Aix. Ein paar aus Zeitungen ausgeschnittene Forain-Reproduktionen bildeten den Grundstock der Pariser Sammlung des Meisters. Seine «Veronese», seine «Rubens», seine «Luca Signo-

relli», seine «Delacroix», all diese billigen Bilder, von denen ich bereits gesprochen habe, waren in Aix geblieben. Als ich einmal zu Cézanne sagte, er könnte bei Braun sehr schöne Reproduktionen haben, antwortete er: «Braun verkauft an die Museen.» Es war für ihn ein Luxus reicher Leute, bei einem Lieferanten der Museen etwas zu kaufen.

Zu meinem Vorschlag, er solle ein paar seiner eigenen Werke an die Wände hängen, kann ich mich nicht beglückwünschen. Er hängte ungefähr zehn Aquarelle auf; aber eines Tages, als er mit einem Stilleben nicht fertig wurde, riß er mit Fluchen und Verwünschungen die Aquarelle herunter und warf sie in den Ofen. Ich sah, wie die Flammen auflodertem; der Maler kehrte beschwichtigt zu seiner Palette zurück.

Wenn Cézanne die Sitzung begann, schaute er mich scharf, fast ein bißchen hart an und hob den Pinsel. Manchmal schien er unruhig zu sein; ich konnte hören, wie er wütend zwischen den Zähnen murmelte: «Dieser Dominique[1] ist verdammt stark», und dann, nachdem er einen Pinselstrich gemacht hatte und zurücktrat, um die Wirkung zu beurteilen: «Aber er geht einem auf die Nerven.»

Jeden Nachmittag ging Cézanne in den Louvre oder ins Trocadero, um nach den Meistern zu zeichnen. Es konnte geschehen, daß er gegen fünf Uhr einen Augenblick bei mir eintrat und mir mit strahlender Miene verkündete: «Monsieur Vollard, ich bringe Ihnen eine gute Nachricht; ich bin mit meiner Studie von heute nachmittag ziemlich zufrieden; wenn das Wetter morgen hellgrau ist, wird die Sitzung, glaube ich, gut!» Das war seine Hauptbeschäftigung nach der Tagesarbeit: Wie wird das Wetter morgen sein? Da er sehr früh zu Bett ging, geschah es manchmal, daß er mitten in der Nacht aufwachte. Verfolgt von seiner fixen Idee, öffnete er das Fenster. Nachdem er sich vergewissert hatte, nahm er eine Kerze zur Hand und schaute sich die Studie, die im Entstehen begriffen war, nochmals an. Wenn er zufrieden war, weckte er seine Frau,

[1] Dominique Ingres.

um ihr seine Befriedigung mitzuteilen. Und um sie für diese Störung zu entschädigen, lud er sie zu einer Partie Schach ein.

Aber damit die Sitzung gelang, genügte es nicht, daß Cézanne mit seiner Studie im Louvre zufrieden und das Wetter hellgrau war; es gab noch andere wichtige Bedingungen, vor allem mußte in der «Eisenhammer-Fabrik» Ruhe herrschen. Diesen Namen hatte Cézanne einem Lift in der Nachbarschaft gegeben. Ich hütete mich, ihm zu sagen, daß der Lärm aufhörte, wenn der Lift repariert wurde; ich ließ ihn in der Hoffnung, die Leute würden eines schönen Tages Konkurs machen. Die Unterbrechungen waren häufig, und Cézanne war fest davon überzeugt, daß die Eisenhammer aufhörten, wenn der Verkauf schlecht war.

Ein anderer Lärm, den er nicht ausstehen konnte, war Hundegebell. In der Nachbarschaft gab es einen Hund, der zwar nicht laut bellte, aber Cézanne hatte für Töne, die ihm unangenehm waren, ein außergewöhnlich feines Gehör. Als ich einmal kam, strahlte er vor Freude: «Dieser Lépine[1] ist ein netter Mensch. Er hat den Befehl erlassen, alle Hunde zu verhaften. Es steht im ‚Kreuz'.» Wir gewannen dadurch ein paar gute Sitzungen; der Himmel blieb weiterhin hellgrau, und durch einen glücklichen Zufall schwiegen sowohl der Hund als auch die «Eisenhammer-Fabrik». Aber gerade, als Cézanne wieder einmal sagte: «Dieser Lépine ist doch ein netter Mensch!» hörte man plötzlich ein «Wau, wau, wau!» Mit einem Schlag ließ er die Palette fallen und schrie entmutigt: «Verdammt nochmal, jetzt ist er ausgerissen!»

Nur ganz wenige sahen Cézanne bei der Arbeit; er konnte es nicht ausstehen, wenn man ihm an der Staffelei zuschaute. Für jeden, der ihn nie malen sah, ist es schwer, sich vorzustellen, wie langsam und mühsam seine Arbeit an gewissen Tagen sein konnte. Bei meinem Porträt gibt es auf der Hand zwei Pünktchen, wo die Leinwand unbedeckt ist. Ich machte Cézanne darauf aufmerksam. «Wenn meine Sitzung im Louvre

1] der damalige Polizeipräsident

heute nachmittag gut ist», antwortete er, «kann ich morgen vielleicht den richtigen Ton finden, um die weißen Punkte zu decken. Wissen Sie, Monsieur Vollard, wenn ich da irgend etwas Zufälliges hinsetzte, wäre ich gezwungen, das ganze Bild von diesem Punkt aus nochmals anzufangen!» Wenn man bedenkt, daß ich hundertfünfzehn Sitzungen hatte, ist es verständlich, daß die Aussicht, das Bild nochmals von vorn anzufangen, mich erschauern ließ!

Gleichzeitig mit meinem Porträt arbeitete Cézanne an einem großen Aktbild, das er 1895 begonnen hatte, und mit dem er sich bis fast zu seinem Tode abmühte.

Für seine Aktbilder benützte er Zeichnungen, die er seinerzeit im Atelier Suisse nach Modell gemacht hatte; für den Rest stützte er sich auf seine Erinnerungen an die Museen.

Sein Traum war, seine Aktmodelle in der freien Natur zu malen; aber das war aus verschiedenen Gründen unausführbar, ganz besonders, weil ihn Frauen sogar in Kleidern einschüchterten. Die einzige Ausnahme bildete seine alte Dienerin, die er früher einmal im Jas de Bouffan gehabt hatte, und von der er zu Zola voller Bewunderung sagte: «Schau dir das an, ist das nicht schön? Man könnte meinen, es sei ein Mann!» Um so größer war meine Überraschung, als er mir eines Tages ankündigte, er werde eine nackte Frau malen! «Wie, Monsieur Cézanne», rief ich, «eine nackte Frau?»

«Oh, Monsieur Vollard, ich nehme eine ganz alte Schachtel!»

Er fand auch eine nach Wunsch und machte nach ihr ein Aktbild und zwei Porträts.

Cézanne gestand mir, daß er mit diesem «Kamel» viel weniger zufrieden sei als mit mir. «Die Arbeit mit dem weiblichen Modell ist sehr schwierig», erklärte er mir. «Dabei kommt mich eine Sitzung teuer zu stehen; sie kostet gegen vier Francs, zwanzig Centimes mehr als in den Jahren vor 1870. Ach, wenn mir nur Ihr Porträt gelingt!» Seine Hoffnung war immer dieselbe; der Salon von Bouguereau und dann der Louvre, die er allein seiner Kunst würdig hielt.

Cézanne benutzte beim Malen ganz geschmeidige Pinsel, die an einen Marder oder Iltis erinnerten. Nach jedem Auftrag wusch er sie in einem Pinselhalter, der mit Terpentinöl gefüllt war. Wie viele Pinsel er auch hatte, er brauchte sie alle während einer Sitzung; und er selbst beschmierte sich so sehr, daß die Polizei von Aix einmal, als er vom «Motiv» zurückkehrte, von ihm einen Ausweis verlangte. Cézanne wehrte sich und sagte, er sei von hier; aber sie behaupteten, ihn nicht zu kennen. «Oh, das tut mir aber leid!» sagte darauf der Maler mit einem solchen Tonfall, daß die Polizisten nicht mehr im Zweifel waren. Der da war wirklich aus Aix!

Cézannes Arbeitsmethode erklärt die Beständigkeit seiner Malerei. Weil er die Farbe nicht dick auftrug, sondern ganz dünne Farbschichten fast wie Aquarellstriche übereinander legte, trocknete die Farbe sofort, und das innere Arbeiten des Farbauftrags, das Risse verursacht, wenn die Farbe nicht trocken ist, war nicht zu befürchten.

Man hatte mir gesagt, Cézanne mache aus seinem Modell einen Sklaven: ich habe es am eigenen Leib erfahren. Vom ersten Strich an bis zum Schluß der Sitzung benützte er das Modell wie ein Stilleben. Er liebte das Porträtieren. «Das Endziel der Kunst», sagte er, «ist die menschliche Figur.» Wenn er nicht noch mehr Porträts malte, so deshalb, weil es für ihn schwierig war, ebenso fügsame Modelle wie mich zu finden. So malte er schließlich, nachdem er sich selbst, seine Frau und ein paar willfährige Freunde porträtiert hatte [in der Zeit, als Zola noch an Cézanne glaubte, diente er ihm auch als Aktmodell], vorwiegend Äpfel und noch lieber Blumen, die nicht verfaulten, weil er papierene benutzte. «Nur ändern diese verdammten Biester mit der Zeit den Ton!» Manchmal war er über die Tücke des Objektes so erbittert, daß er sich auf die Bilder des «Magasin Pittoresque», von dem er ein paar

Bände besaß, oder auf die Modejournale seiner Schwester stürzte. Jetzt gab es nur noch hellgraues Wetter zu «erhoffen» und das Hundegebell, die Eisenhammer-Fabrik und ein paar andere Unannehmlichkeiten dieser Art zu befürchten.

Cézanne hatte in mir – das bilde ich mir wenigstens ein – das ideale Modell gefunden; deshalb eilte es ihm auch gar nicht, mein Porträt zu beenden. «Das benütze ich als Studie», sagte er zu mir, wenn er eine «ziemlich gut geratene» Stelle wieder aufnahm, und er fügte hinzu, in der Meinung, mich überglücklich zu machen: «Sie fangen an, gut Modell zu sitzen.» Einmal, als ich ihm nach einer Sitzung, in der seine schlechte Laune mehrmals zum Vorschein gekommen war, verlassen und mich mit ihm für den folgenden Tag verabredet hatte, sagte Cézanne plötzlich zu seinem Sohn: «Das Wetter wird hellgrau. Lauf zu Vollard und bring ihn mir zurück!»
«Aber hast du nicht Angst, Vollard zu ermüden?»
«Was macht das schon, wenn das Wetter hellgrau ist?»
«Aber wenn du ihn heute zu sehr ermüdest, wird er morgen vielleicht nicht kommen können!»
«Sohn, du hast recht, man muß das Modell schonen! Ja, du hast einen praktischen Sinn fürs Leben.»
Gerade dieser praktische Sinn fürs Leben ging ihm selbst völlig ab, worauf er in seinem Innersten stolz war, obwohl er sich ständig darüber beklagte. Sagte er doch von sich selbst: «Erst lange nachdem etwas geschehen ist oder etwas gesagt wurde, kann ich den Charakter und die Tragweite davon deutlich ermessen ... Und weil ich keinen praktischen Sinn fürs Leben habe, stütze ich mich auf meine Schwester, die sich auf ihren Direktor, einen Jesuiten [diese Leute sind sehr stark] stützt, der sich wiederum auf Rom stützt.»
Bei dieser Gelegenheit fällt mir ein, daß ich einmal in einem sehr stren-

gen Winter, als ich an der Seine spazieren ging, um das Eis treiben zu sehen, plötzlich einen Mann erblickte, der am Ufer Pinsel wusch. Es war Cézanne. «Im Atelier ist das Wasser gefroren. Hoffentlich fängt's hier nicht auch an!» Und beunruhigt schaute er nach den Eisschollen, die einander berührten.

Wenn ich Modell saß, fürchtete ich vor allem den schrecklichen Spachtel. Natürlich sprach ich nie über Malerei noch über Literatur; lieber sagte ich überhaupt nichts und fand es besser, abzuwarten, bis er das Wort an mich richtete, was allerdings auch nicht ungefährlich war, wie man gleich sehen wird.

Cézanne hatte zu mir gesagt: «Sie müssen sich unbedingt die Delacroix von der Sammlung Chocquet ansehen, die versteigert werden.» Vor allem machte er mich auf ein sehr wichtiges Aquarell mit «Blumen» aufmerksam. Er erzählte mir auch, Delacroix habe in seinem Testament seinen Erben das Recht eingeräumt, ein Werk von ihm auszuwählen, ausgenommem dieses Aquarell, das an der Versteigerung seiner Werke nach seinem Tode figurieren mußte. Ich wollte Cézanne beweisen, daß ich mich für sein Gespräch interessiert hatte, forschte Delacroix' Testament nach und sagte am folgenden Tag, als ich zur Sitzung kam: «Ich habe Delacroix' Testament durchgelesen. Er spricht tatsächlich von einem Aquarell mit ‚Blumen', die wie zufällig gegen einen grauen Hintergrund stehen.»

«Sie Unglücksmensch», schrie Cézanne und machte mit drohenden Fäusten zwei Schritte auf mich zu, «Sie wagen zu behaupten, Delacroix habe nach dem Zufall gemalt!» Ich klärte ihn über das Mißverständnis auf, und er wurde ruhiger. «Ich mag Delacroix sehr gut», sagte er dann wie zur Entschuldigung, während ich mir im stillen vornahm, in Zukunft doppelt vorsichtig zu sein.

Ein andermal – alle Vorzeichen für eine gute Sitzung waren erfüllt – hörte ich plötzlich einen lauten Fluch und sah, wie Cézanne mit fürchterlichem

Blick den Spachtel auf mein Porträt richtete. Ich blieb, aus Furcht vor dem Kommenden, wie erstarrt; nach ein paar langen Sekunden richtete Cézanne seine Wut auf ein anderes Bild, das er augenblicklich in Stücke machte. Und hier der Grund seiner Wut: In einem Winkel des Ateliers, an der mir gegenüberliegenden Seite, befand sich seit jeher ein alter Teppich, der schon längst seine Farbe verloren hatte. An diesem Tag hatte ihn das Dienstmädchen in der edlen Absicht, ihn zu klopfen, weggenommen. Cézanne erklärte mir, daß er es nicht ertragen könne, diesen Flecken, den der Teppich in seinen Augen bildete, nicht mehr vor sich zu haben. Ohne ihn könne er überhaupt nicht mehr an meinem Porträt weiterarbeiten; er schwor, nie mehr in seinem Leben einen Pinsel anzurühren. Er hielt zwar sein Wort nicht, aber an jenem Tag konnte er tatsächlich nicht weiterarbeiten.

Nach hundertfünfzehn Sitzungen hörte Cézanne mit meinem Porträt auf und kehrte nach Aix zurück. «Ich bin mit dem Vorderteil des Hemdes nicht unzufrieden», sagte er zu mir, als er abreiste. Den Anzug, in dem ich Modell gesessen hatte, wollte er im Atelier aufbewahren, da er nach seiner Rückkehr nach Paris gewisse Stellen nochmals überarbeiten wollte. «Inzwischen habe ich dann einige Fortschritte gemacht. Verstehen Sie, Monsieur Vollard, der Umriß entschwindet mir!» Aber als er von der «Wiederaufnahme» dieses Bildes sprach, rechnete er nicht mit den «verfluchten» Motten, die sich an meinem Anzug gütlich taten. Wenn Cézanne mit einer Studie aufhörte, geschah es fast immer in der Hoffnung, sie später zu vervollkommnen. Dadurch erklärt es sich, daß die bereits «klassierten» Landschaften im folgenden Jahr, manchmal sogar zwei oder drei Jahre später, überarbeitet wurden, was ihm übrigens gar nicht lästig fiel; denn für ihn war das Malen nach der Natur kein Kopieren des Gegenstandes, sondern die Verwirklichung dessen, was er sehend empfand. Ist es da verwunderlich, wenn sich das ahnungslose Publikum, auf dessen Urteil er sich berief, durch sein ständiges Klagen über seine Unbefriedigtheit schließlich dazu verleiten ließ, in seinen Werken mangelnde Ausgeglichenheit zu entdecken? In der Meinung eines Kritikers, dieser «Mangel an Ausgeglichenheit» rühre von einer Verschlechterung seines Sehvermögens her, fand Cézanne einen neuen Vorwand für seine Behauptung, sich nicht verwirklichen zu können. Glaubte doch sogar Huysmans an die Sage vom mißgebildeten Sehvermögen, als er in seinem Urteil über den Maler schrieb: «Ein Künstler mit einer kranken Netzhaut, der in der verwirrten Wahrnehmung seiner Augen die Vorboten einer neuen Kunst entdeckte.»

Man hat Cézanne oft wegen seiner Hartnäckigkeit, zu den offiziellen Salons zugelassen zu werden, ausgelacht; aber man darf nicht vergessen, daß er überzeugt war, dem Publikum würden, wenn er nur einmal mit einem «gutgeratenen» Bild in den Salon von Bouguereau schlüpfen könnte, die Augen aufgehen, so daß es in ihm den großen Maler erkannte, der er seiner Ansicht nach werden mußte.

Dieser Stolz verschwand bei ihm in dem Augenblick, wo er vor seinem Bild stand. Man mußte ihn einmal gesehen haben, wie dann all seine Kräfte auf die «Genauigkeit der Form» ausgerichtet waren, wie er sich mit dem gleichen Ernst, mit der früher die Gesellen an ihrem Meisterstück arbeiteten, um «die Linie» mühte, und wie glücklich er war, wenn einmal – was sehr selten vorkam – eine Sitzung ihn zufriedenstellte, so glücklich wie ein Schulbub über eine gute Note. Man versteht aber auch seine Verwirrung, wenn er plötzlich aus seinen Träumen gerissen und auf die Erde zurückgeführt wurde: «Entschuldigen Sie, Monsieur Vollard», sagte er zu mir vor einem Bild, das er zerstochen hatte, weil er gestört worden war, «aber wenn ich arbeite, brauche ich meine Ruhe!»

Endgültige Rückkehr nach Aix [1899]

Als das Gerede, das sich in Paris um Cézanne bildete, bis nach Aix gedrungen war, begann der «Schlaue», dem es gelungen war, «die Pariser hereinzulegen», in der Achtung seiner Landsleute zu steigen.

Aber in Aix ist man argwöhnisch, und Cézanne, der nicht einmal zur Hälfte aus Aix stammte, traute den Lobreden nicht; die «Schmeichler» waren in seinen Augen sogar noch gefährlicher als die «Lästerer». Sein Mißtrauen war so groß, daß er einem Jugendfreund, der ihn in Aix wiedertraf und ihn um seine Adresse bat, zur Antwort gab: «Ich wohne weit weg, an einer Straße.» Als der Freund fort war, rief er: «Der Halunke, er wollte mich schön hineinlegen.» Es blieben noch diejenigen, die ihm weder zu nahe standen noch indiskret waren, die weder eine zu große Bewunderung noch einen zu großen Respekt hegten, kurz alle, die in ihm keinerlei Argwohn erwecken konnten. Aber sogar mit ihnen wurde der Verkehr äußerst schwierig, so groß war Cézannes angeborene Zerstreutheit. Als er sich einmal in einer Kutsche vom «Motiv» heimfahren ließ und das Pferd eine steile Strecke im Schritt nahm, stieg er aus dem Wagen. Auf der ebenen Straße brachte der Kutscher das Pferd wieder in Trab. Der Maler ging ganz mechanisch seines Weges, ohne etwas zu merken. Man kann sich die Bestürzung des Kutschers vorstellen, als er in seinem Wagen keinen Menschen fand. «Das ist das erstemal, daß ich jemanden verloren habe,» versicherte der brave Kerl. Am verblüfftesten aber war Cézanne, der überhaupt nicht erklären konnte, was vorgefallen war.

Eine der wenigen guten Erinnerungen, die Cézanne an die Beziehungen zu seinen Mitmenschen bewahrt hatte, war seine Begegnung mit Monsieur Denys Cochin. Dieser machte mit seinem Sohn, Monsieur Augustin Cochin, einen Spazierritt in der Umgebung von Paris. Plötzlich rief der Sohn: «Papa, schau dort Cézanne!»

«Woher weiß du denn, daß der Mann, der dort auf dem Felde malt, Cézanne ist?» fragte Monsieur Denys Cochin, der weniger gute Augen hatte als sein Sohn.

«Aber Papa, er malt doch einen Cézanne!»

Sie traten näher, und Cézanne, der es an sich nicht ertragen konnte, wenn er am «Motiv» gestört wurde, zeigte sich diesmal ungewöhnlich liebenswürdig. «Ich sah sofort», sagte er zu mir, «daß es vornehme Leute waren.» Aber trotz der Einladung von Monsieur Denys Cochin, der ihm seine Delacroix und Cézanne zeigen wollte, konnte er sich nie zu diesem Besuch entschließen. «Ich verstehe mich nicht auf gesellschaftlichen Verkehr», versicherte er mir, als er die Geschichte erzählte. Diese krankhafte Angst vor dem Hineingelegtwerden war auch schuld daran, daß das Porträt von Monsieur Gustave Geffroy nie fertig wurde. Nach zahlreichen Sitzungen bei seinem Modell nahm er plötzlich die Staffelei und seinen Malkasten und verschwand nach Aix. Er erzählte mir einmal von Gustave Geffroy: «Sie müssen ‚Le Cœur et l'Esprit' lesen. Darin sind ein paar sehr schöne Sachen, zum Beispiel die Novelle ‚Le Sentiment de l'Impossible'.»

Ich erlaubte mir die Frage, weshalb er Monsieur Geffroy nicht mehr sehe. Er antwortete: «Verstehen Sie, Monsieur Geffroy ist ein netter, sehr begabter Kerl; aber er sprach immerzu von Clemenceau; deshalb flüchtete ich nach Aix!»

«Clemenceau ist also nicht Ihr Mann?» fragte ich.

«Hören Sie, Monsieur Vollard, er hat Temperament, aber für mich, der ich im Leben nicht stark bin, ist es viel besser, mich auf Rom zu stützen.»

Cézanne litt übrigens nicht im geringsten unter diesem Mangel an gesellschaftlichem Umgang; seine Frau, sein Sohn, seine Schwester Marie genügten ihm. Und dann besaß er ja einen Schatz, der viel wertvoller war als die ganze Menschheit zusammen: die rote Erde, die grünen Föhren und die blauen Hügel der Provence, wo er je länger je mehr seinen

Lebensabend zu verbringen wünschte, und wohin er sich tatsächlich kurz nach Beendigung meines Porträts, Ende 1899, endgültig zurückzog. Ich muß hinzufügen, daß Cézanne, als er sich endgültig in Aix niederließ, zwar dem Verkehr mit seinen Mitmenschen ausweichen, jedoch «wie die Leute in geordneten Verhältnissen» leben wollte. Und wenn er unter die Leute gehen mußte, kümmerte er sich sogar um ein korrektes Aussehen – wenigstens wenn es ihm in den Sinn kam –, und er bemühte sich jetzt immer, den Leuten von Aix und auch den «andern» gegenüber unerschütterliche Höflichkeit zu bezeugen. Nur wenn man in seiner Gegenwart Maler, die er schätzte, angriff, oder wenn man Dubufe, Tony Robert-Fleury oder einen andern Maler aus dem gleichen «Kübel» lobte, änderte er sein Verhalten. In dieser Beziehung blieb er unerträglich. Da Cézanne ängstlich und schwach im Leben war, mißtraute er auch dem in Freiheit gelassenen Militär; aber dieses selbe Militär erschien ihm, wenn es schön im Zügel gehalten wurde, bereit, ohne Zaudern gegen jeden inneren und äußeren Feind zu marschieren, als Geschenk des Himmels. So ist es zu verstehen, daß er aus Bewunderung für seine geliebte Armee gegen Dreyfus war. Er hatte auch die Absicht, Rodin auf seinen offenen Brief, in dem sich der Bildhauer beklagte, daß sich unter den Subskribenten für seinen «Balzac» fast lauter Dreyfus-Anhänger befänden, seine Zustimmung mitzuteilen. «Dieser Rodin denkt richtig. Das ist ein braver Kerl. Man muß ihm Mut machen.»
Geistliche konnte Cézanne von dem Tag an nicht mehr ausstehen, an dem er einen «Blödian von einem Pfarrer», einen «eingekleideten Dreckskerl» kennengelernt hatte, der an der Kirche Saint-Sauveur Organist war und falsch spielte. «Wegen diesem Schmieranten», sagte er, «kann ich die Messe nicht mehr anhören; seine Art, Orgel zu spielen, tut mir bis ins Innerste weh!»
Aber wenn Cézanne auch den Umgang mit Priestern möglichst mied, fand er an der Religion doch etwas Gutes; sie war für ihn ein «Element

der Achtbarkeit», eine «moralische Stütze». Er ging in die Kirche und besuchte am Sonntag die Messe. Er war schon von Jugend auf religiös. Sein Vater hatte einmal im Spaß zu einem Freund gesagt: «Wir essen heute ziemlich spät. Heute ist Sonntag, und da sind unsere Damen den lieben Gott essen gegangen.» Darauf trat der sonst so unterwürfige Sohn mutig gegen seinen Erzeuger auf und sagte: «Vater, man sieht, daß du den ‚Siècle' mit seiner Weinhändlerpolitik liest!» Aber wenn das Wetter an einem Sonntag hellgrau war, mußte der Pfarrer die Messe ohne ihn lesen.

Auch während der Messe dachte Cézanne immerzu an seine Malerei. Ein junger Maler fuhr einmal nach Aix, um Cézanne zu sehen. Es war an einem Sonntag. Als Cézanne aus der Kirche trat, stürzte der junge Mann auf ihn los. Dieser plötzliche Ansturm erschreckte Cézanne, als ob er mitten aus dem Schlaf geweckt worden wäre, und in seinem Schrekken ließ er das Gebetbuch fallen. Als der andere dann sagte, er sei Maler, rief Cézanne hocherfreut: «Aha, Sie gehören auch zu dieser Bande?» Er packte ihn am Rockzipfel: «Wissen Sie, alles in der Natur ist kugel- oder kegelförmig!» Und plötzlich sagte er: «Schauen Sie!» Er zeigte auf einen Sonnenstrahl, der sich im kleinen Bächlein auf dem Platz spiegelte: «Wie wollen Sie das wiedergeben? Man muß sich vor den Impressionisten in acht nehmen! ... Aber sie sehen immerhin richtig!»

Cézanne und Zola

Cézanne hatte mir von ein paar Jugendarbeiten erzählt, die er Zola überlassen hatte, und die ich gerne gesehen hätte. Monsieur Mirbeau, vor dem ich diesen Wunsch ausgesprochen hatte, war gern bereit, mir einen Empfehlungsbrief für Zola mitzugeben; allerdings hütete er sich, darin die Cézannebilder auch nur zu erwähnen. «Zola ist so eifersüchtig auf

sie, daß ich ihn nicht zu bitten wage, sie Ihnen zu zeigen.»
Bei Zola mußte ich erst durch einen Flur gehen, wo sich eine riesige Komposition von Debat-Ponsan breitmachte; sie stellte die Wahrheit dar, die soeben aus dem Brunnen steigt. Der Sinnspruch lautete: «Nec mergitur», und der Titel: «Die Wahrheit erhebt ihren Spiegel und versucht, aus dem Brunnen zu steigen, wo sie von der Heuchelei Basilius' und von der rohen Faust der brutalen Gewalt zurückgehalten wird.» Dann trat ich in einen Salon, der voller religiöser Gegenstände war. Das Licht drang durch zwei Glasscheiben ein, von denen die eine Bilder aus der Legende darstellte und die andere Coupeau zeigte, der einen Brotlaib zerschneidet. Ich bewunderte diesen Geschmack. Es herrschte hier eine köstliche Ruhe; und ich konnte den Wert von Zolas Opfer ermessen, wenn er dieses geschmackvolle Heim verließ, um mitten in der stinkigen Luft der öffentlichen Versammlungen die Unschuld zu verteidigen.
Bald erschien der Meister, der einen kleinen, ebenso häßlichen wie bissigen Hund, seinen geliebten Pinpin, an die Brust drückte und in der freien Hand ein Exemplar von «La Débâcle» schwenkte.
Aus Furcht, Zola vor den Kopf zu stoßen, hütete ich mich, das Gespräch gleich auf die Cézanne zu lenken; meine Taktik bestand vielmehr darin, ihn soweit zu bringen, daß er selber davon zu sprechen anfing. Ich begnügte mich damit, über alles, was den Salon schmückte, meine Bewunderung auszudrücken.
«Und mein Debat-Ponsan?» unterbrach mich Zola. «Was diese ‚Vérité sortant du Puits' so ergreifend macht, das ist der Gewissensschrei eines rechtschaffenen Menschen, den man zu hören glaubt. Ja, der Kerl ist nicht nur ein großer Maler, er ist eine starke Persönlichkeit; und gerade weil er eine starke Persönlichkeit ist, wurde er ein großer Maler. Welch eine Lehre für alle jene Künstler, die nicht vor allem nach dem Mensch-Sein streben! Sie werden nie ein Meisterwerk schaffen, denn mit dem eigenen Blut schreibt man, malt man das Meisterwerk ...» Ich [vorsich-

tig]: «Mir scheint nur, verehrter Meister, die Wahrheit und vielleicht auch Basilius seien ein bißchen vergilbt.» Zola: «Die größten Meister werden mit der Zeit dunkel. Sollen wir sie deshalb nicht mehr bewundern?»

Ich [sehe in einem schönen alten Rahmen das Bildnis eines Mädchens, das einen kleinen Vogel zwischen seinen Brüsten wärmt]: «Einfluß von Greuze?»

Zola [lebhaft]: «Kenner schreiben es sogar ihm selbst zu.»

Ich [entdecke neben dem Mädchen mit dem Vogel ein Bild, das eine Gruppe nackter Frauen darstellt, die mit Silberketten an das Himmelsgewölbe gebunden sind]: «Ary Scheffer?»

Zola: «Es ist eines der besten Werke dieses leidenschaftlichen Liebhabers des Ideals, der nur Meisterwerke hervorgebracht hat: der Corneille der Malerei, das schöne Gegenstück zu unserem Greuze, dem Racine der Malerei.»

Auf Zolas Gesicht war eine solche Gutmütigkeit zu lesen, daß ich mich nun an das Thema Cézanne heranwagte.

«Verehrter Meister, eine Frage brennt mir auf den Lippen, aber ich habe Ihre Geduld schon so lange beansprucht...»

Zola [milde]: «Sprechen Sie!»

Ich: «Sind eigentlich die Briefe, die Sie an Cézanne schrieben, noch vorhanden? Sie sind für uns, auch für uns, unentbehrlich, sie könnten uns den Weg zum Fühlen und Denken zeigen. Ich wagte es nicht, mit Monsieur Cézanne darüber zu sprechen, denn ich wollte ihm nicht ewige Gewissensbisse bereiten, wenn er sich plötzlich, falls er diese wertvollen Papiere nicht aufbewahrt hat, seiner Verantwortung gegenüber der Nachwelt bewußt würde.»

Zola: «Genau wie Sie bangte auch ich um diese Briefe, in denen ich mein Bestes gegeben habe. Aber Gott sei Dank, trotz seiner Sorglosigkeit hat Cézanne auch das kleinste Blatt Papier, das ich ihm schrieb, aufbewahrt. Als ich ihn bat, mir meine Briefe zurückzugeben, weil ich dachte, ihre Veröffentlichung könne den jungen Künstlern, die sicher aus den Ratschlägen eines Freundes an einen Freund ihren Nutzen ziehen würden, wertvoll sein, gab er mir sie freiwillig; und es fehlte kein einziger Brief. Ach, warum hat mir mein Freund nicht auch den großen Maler gegeben, mit dem ich so sehr gerechnet hatte?»

Ich: «Welches Vertrauen hatten Sie doch in Cézanne!»

Zola: «Unsere Kameraden hielten ihn gern für eine gescheiterte Existenz, aber ich rief ihnen unablässig zu: ‚Paul hat das Genie eines großen Malers!' Oh, weshalb war ich gerade hier kein guter Prophet!»

Ich: «Aber Monsieur Cézanne war ein leidenschaftlicher Arbeiter, und außerdem hatte er die Phantasie eines Dichters!»

Zola: «Mein lieber großer Cézanne hatte den göttlichen Funken. Aber wenn er auch das Zeug zu einem großen Maler hatte, ihm fehlte der Wille, es zu werden. Er überließ sich zu sehr seinen Träumen, die nicht erfüllt wurden. Er sagte selbst, er sei bei den Illusionen groß geworden!»

Ich: «Besitzen Sie Bilder von Monsieur Cézanne?»

Zola: «Ich hatte sie auf dem Land versteckt. Auf Mirbeaus Wunsch, der sie unbedingt sehen wollte, ließ ich sie hierher bringen. Aber ich könnte sie nie aufhängen. Wie Sie wissen, ist mein Haus ein Haus der Künstler. Sie wissen auch, wie gerecht, aber auch wie streng sie untereinander sind. Ich möchte meinen liebsten Jugendfreund nicht dem Urteil seiner Standesgenossen ausliefern. Cézannes Bilder sind hier in diesem Schrank eingeschlossen und vor böswilligen Augen geschützt. Verlangen Sie nicht von mir, sie herauszunehmen, denn es tut mir allzu weh, wenn ich denke, was aus meinem Freund hätte werden können, wenn er seine Phantasie im Zügel gehalten und an der Form gearbeitet hätte; denn als Dichter wird man geboren, das Arbeiten erlernt man.»

Ich: «Und doch haben Ihre Ratschläge, die aus einer großen Erfahrung stammen, Monsieur Cézanne erreicht?»

Zola: «Ich habe alles unternommen, um meinen geliebten Cézanne zu erwecken, und alle Briefe, die ich ihm schrieb, haben mich derart gerührt, daß ich mich noch an jedes Wort erinnern kann. Für ihn schrieb ich ‚L'Oeuvre' [Das Werk]. Das Publikum begeisterte sich für das Buch, nur Cézanne blieb unberührt. Nichts wird ihn mehr aus seinen Träumen reißen können; immer mehr entfernt er sich von der Wirklichkeit ...»
Auf diese letzten, mit zitternder Stimme ausgesprochenen Worte folgte ein Schweigen.
Ich: «Aber wenn auch Monsieur Cézanne sein Werk nicht verwirklichen konnte, sagte er doch sicher in seinen Briefen interessante Dinge über die Malerei?»
Zola [streichelt voller Liebe sein Hündchen]: «Alles, was Cézanne schrieb, war überraschend und originell; aber ich habe seine Briefe nicht aufbewahrt. Wegen ihrer ziemlich nachlässigen Form hätte ich es auf keinen Fall dulden können, daß sie von andern gelesen würden.»
Ich [ihn unterbrechend]: «Wieder ihre große Freundschaft ...»
Zola: «Dies alles ist so weit weg! Aber ich erinnere mich noch, wie ich einmal nach einem solchen Brief zu meinem Freunde sagte: ‚Ich liebe diese fremdartigen Gedanken wie junge Zigeunerinnen mit seltsamem Blick, die mit den Füßen im Schmutz stecken und den Kopf voller Blumen tragen.' Aber ich konnte mich nicht zurückhalten und fügte hinzu: ‚Unser höchster Meister, das Publikum, ist nicht so rasch zufrieden. Es pfeift auf die ärmlich gekleideten Prinzessinnen ... Wenn man vor seinen Augen bestehen will, muß man nicht nur sprechen können, man muß gut sprechen können'.»
In diesem Augenblick ging ein Rudel Kinder unter Zolas Fenster vorbei und schrie: «Nieder mit Dreyfus! Speit Zola an!»
«Die Unglückseligen», bemerkte ich höflich, während das Hündchen wütend kläffte. Aber auf Zolas Antlitz spiegelte sich die Heiterkeit des Märtyrers, der zur Richtstätte schreitet.

«Nicht Unglückselige, sondern arme Verirrte, die ein zu starkes Licht blendet. Auch die Eule sieht nicht, wenn es hell ist.» Und er murmelte: «Sie haben Augen und sehen nicht, Ohren und hören nicht ...»
Ich: «Verehrter Meister, man beobachtet bei Ihren Feinden nicht nur Blindheit, sondern auch Haß, wohlüberlegten Haß ...»
Zola: «Jawohl, überlegten Haß. Ich bin sehr unglücklich darüber, ich, der ich so gern von allen geliebt würde!»
Ich: «Meister, die Elite der denkenden Menschheit ist auf Ihrer Seite.»
Zola: «Aber nicht die große Menge.»
Ich: «Und die großen Auflagen von ‚Pot-Bouille', ‚Nana', vom ‚Assommoir' ...»
Zola: «Sind nicht die Auflagen von Jules Mary im ‚Petit Journal'.» Er murmelte mit träumerischen Augen: «‚Le Petit Journal', Auflage von über einer Million ...»
Um ihn von diesen traurigen Gedankengängen abzubringen, sagte ich dem Meister, was ich über den Absatz im Ausland von «La Débâcle» gehört hatte.
Zola: «Ja, dieses Werk wird vom Publikum am meisten geschätzt.»
Ich: «Und ist es auch dasjenige, verehrter Meister, das Ihnen selbst am besten gefällt?»
Zola: «Ein Künstler hat immer das entstehende Werk am liebsten; immerhin muß ich zugeben, daß ich eine gewisse Vorliebe für ‚La Débâcle' habe. Wir sind jetzt bei zweihunderttausend Exemplaren angelangt.»
Auf diese Worte hin verabschiedete ich mich von Cézannes berühmtem Freund.

Zolas Tod [1902] ging Cézanne sehr nahe. Er war in seinem Atelier in Aix und bereitete seine Palette vor, als Paulin, ein ehemaliger Ringkämpfer, der ihm gleichzeitig als Hausbursche und als Modell diente, wie ein Wirbelwind hereinkam: «Monsieur Paul, Monsieur Paul, Zola ist

gestorben!» Cézanne brach in Tränen aus, gab Paulin ein Zeichen zu verschwinden, und schloß sich dann ein. Paulin kam von Zeit zu Zeit herbei und legte, ohne den Mut anzuklopfen, das Ohr an die Türe: Den ganzen Tag lang hörte er seinen Meister stöhnen und klagen.
Cézannes Bilder, die man bei Zola in den Schränken und auf dem Estrich fand, kamen mit all den Antiquitäten, die den Salon geschmückt hatten, ins Hôtel Drouot. Die Versteigerung fand im März 1903 statt. Nebenbei sei erwähnt, daß ein Bewunderer Zolas die «Vérité sortant du Puits» bis auf dreihundertfünfzig Francs brachte.
Als mir Cézanne einmal eine kleine Skizze von Zola zeigte, die er in der Jugend, um 1860 herum, gemacht hatte, fragte ich ihn, wann eigentlich Zola und er auseinandergekommen seien. «Wir hatten nie einen richtigen Streit miteinander», sagte er zu mir, «ich ging einfach nicht mehr zu Zola. Ich fühlte mich nicht mehr wohl bei ihm, mit all den Teppichen am Boden, den Hausangestellten, und er, der jetzt an einem geschnitzten Pult arbeitete. Am Schluß hatte ich das Gefühl, bei einem Minister zu Besuch zu sein. Er war – entschuldigen Sie bitte, Monsieur Vollard, ich meine es nicht in bösem Sinne – ein richtiger Spießbürger geworden.»
Ich: «Mir scheint, die Bekanntschaften, die man bei Zola machte, müssen sehr interessant gewesen sein: Edmond de Goncourt, Daudet, Flaubert, Guy de Maupassant und noch so viele andere.»
Cézanne: «Ja, es kamen wirklich viele Leute, aber es war zum Kotzen, was man da alles hören mußte. Ich wollte einmal von Baudelaire sprechen; dieser Name interessierte niemand.»
Ich: «Wovon sprach man denn?»
Cézanne: «Jeder sprach von der Auflage seines neuesten Werks, und natürlich schwindelte jeder dabei ein bißchen. Man mußte vor allem den Damen zuhören. Madame X. sagte voller Stolz und mit einem herausfordernden Blick auf Madame Z.: ‚Mein Mann und ich haben ausgerech-

net, daß der letzte Roman, mit den illustrierten Ausgaben und der ‚Petite Bibliothèque' zusammen, eine Auflage von fünfunddreißigtausend Exemplaren erreichte.' ‚Und wir', sagte Madame Z., indem sie den Handschuh aufhob, ‚haben für unser nächstes Buch einen schriftlichen Vertrag, der uns eine Auflage von fünfzigtausend Exemplaren gewährleistet, wobei die Luxusausgabe noch nicht eingerechnet ist'.»
Ich: «Es gab aber sicher nicht nur Männer mit großen Auflagen und eitlen Frauen! Zum Beispiel Edmond de Goncourt ...»
Cézanne: «Der hatte nichts Bürgerliches an sich, das stimmt; aber er zog ein komisches Maul, wenn er all die Zahlen hörte!»
Ich: «Haben Sie Goncourts Bücher gern?»
Cézanne: «‚Manette Salomon' hatte ich einmal sehr gern. Aber ich habe nichts mehr von dieser Sorte gelesen, seit die ‚Witwe' – wie der andere[1] sagt – allein schreibt!»
Cézanne fuhr fort: «Ich ging also nur noch selten zu Zola, als das Mädchen eines Tages zu mir sagte, der Meister sei für niemand zu sprechen. Ich glaube nicht, daß der Befehl ausdrücklich mich betraf; aber auf alle Fälle ließ ich meine Besuche noch seltener werden. Und dann erschien Zolas ‚Oeuvre'.»
Cézanne schwieg einen Augenblick, ganz in die Vergangenheit versunken. Dann sprach er weiter: «Man kann von einem Menschen, der nichts davon versteht, nicht verlangen, daß er etwas Vernünftiges über die Malerei sagt; aber Herrgott!» Wie ein Besessener klopfte er auf den Tisch, «wie kann er behaupten, ein Maler bringe sich wegen eines schlechten Bildes um? Wenn ein Bild nicht gelungen ist, schmeißt man es ins Feuer und fängt ein neues an!»
Er sprang auf und lief wie ein Tier in einem Käfig im Atelier auf und ab. Plötzlich packte er ein Selbstbildnis und wollte es zerreißen. Aber da seine Hände zitterten und er seinen Spachtel nicht da hatte, rollte er

[1] Barbey d'Aurevilly

das Bild zusammen, zerbrach es und warf es in den Kamin.

Ich: «Aber wie konnte Zola, der mit mir so lange und in so warmherzigen, so ergreifenden Worten von Ihnen sprach ...»

Die Zerstörung des Bildes hatte Cézanne beruhigt. In seinen Augen war kein Zorn mehr, nur noch eine große Trauer. «Hören Sie, Monsieur Vollard, ich muß es Ihnen sagen! Ich ging zwar nicht mehr zu Zola hin, aber ich konnte mich nie mit dem Gedanken abfinden, daß er keine Freundschaft mehr für mich empfände. Als ich mich an der Rue Ballu niederließ, hatten wir uns allerdings schon lange nicht mehr gesehen; aber da ich nun so nahe bei ihm wohnte, hoffte ich, wir würden uns zufällig einmal begegnen, und er käme dann vielleicht zu mir ... Als ich später in Aix war, erfuhr ich, daß Zola erst kürzlich hier angekommen sei. Ich bildete mir selbstverständlich ein, er wage sich nicht zu mir ... Verstehen Sie doch, Monsieur Vollard, mein geliebter Zola war in Aix! Ich vergaß alles, das ‚Oeuvre' und noch viele andere Dinge, wie jenes verfluchte Dienstmädchen, das mich schief anschaute, wenn ich mir die Füße auf der Türvorlage abputzte, bevor ich in Zolas Salon trat. Ich war in jenem Augenblick am Motiv; ich hatte eine Studie, die nicht schlecht vorwärtsging; aber die Studie konnte mir in die Schuhe blasen: Zola war in Aix! Ich nahm mir nicht einmal Zeit, meine Sachen zusammenzupacken, und rannte zum Hotel, in dem er abgestiegen war; aber ein Kamerad, den ich unterwegs traf, erzählte mir, man habe am Abend zuvor Zola gefragt: «Gehen Sie zu Cézanne?» und Zola habe geantwortet: ‚Wozu soll ich diese gescheiterte Existenz wiedersehen?' Und somit kehrte ich zum Motiv zurück.»

Cézannes Augen waren voll Tränen. Er putzte sich die Nase, um seine Erregung zu verbergen. «Sehen Sie, Monsieur Vollard, Zola war kein schlechter Mensch, aber er lebte unter dem Einfluß der Ereignisse!»

Ich fragte: «Welche Gründe konnten Zola wohl dazu bewegen, daß er sich in die Académie Française wählen lassen wollte?»

Cézanne: «Die eigentliche Ursache liegt weit zurück. Beim Erscheinen des ‚Oeuvre' gab es einen Bruch zwischen Zola und Edmond de Goncourt. Zola wurde verziehen, aber nur nach außen hin, und Goncourt strich ihn aus seiner ‚Académie'. Zola wollte deshalb, um ihn herauszufordern, zur ‚andern Académie' gehören. Und wenn er aufgenommen worden wäre, hätte er dort seine völlige Befriedigung gefunden, und er hätte es nicht nötig gehabt, die liebe Welt zu verblüffen und sich in diese Dreyfus-Affäre zu stürzen, wo er nicht unbedingt hingehörte. Aber wenn man etwas wenig Stoff hat, will man immer den Kopf über dem Hut tragen. Schauen Sie, Monsieur Vollard, um im Leben Erfolg zu haben, braucht es Temperament!»

Ich: «Was steht denn im ‚Oeuvre', woran Goncourt hätte Anstoß nehmen können?»

Cézanne: «Der Titel, den Zola seinem Buch gab, war schuld daran. Goncourt behauptete, dieser Titel, ‚L'Oeuvre', gehöre ihm und seinem verstorbenen Bruder, da sie ‚L'Oeuvre de François Boucher' verfaßt hatten.» Cézanne mußte herzlich lachen und fügte voller Schalk hinzu: «Nicht wahr, Monsieur Vollard, unter Malern ist man wenigstens nicht so blöd.»

Immerhin mußte ich Cézanne an Rosa Bonheur erinnern, die armen Verwandten, denen sie in ihrer Freigebigkeit geholfen hatte, verbot, auf ihren Bildern Tiere im Vordergrund zu malen, damit sie ihr keine Konkurrenz machten.

Als Cézanne von Hindernissen in der Ausübung des Malhandwerks hörte, wurde er aufmerksam. Aber ein solches Verbot konnte seiner Meinung nach niemand daran hindern, zu malen: das einzige, was es brauchte, war «Temperament»!

Er fragte mich, was die Kunstliebhaber von Rosa Bonheur hielten. Ich sagte, man sei sich allgemein darüber einig, daß das Bild «Le Labourage Nivernais» [Ackerbau im Nivernais] sehr stark sei. «Jawohl,» versetzte Cézanne, «es ist schauderhaft naturgetreu.»

Die letzten Jahre [1899/1906]

Cézanne hätte gern einen Orden bekommen, konnte sich aber nie zum geringsten Schritt in dieser Richtung entschließen, obwohl er sich riesig gefreut hätte, den «Leuten vom Institut» und auch «denen von Aix» eins auszuwischen.

Im Jahre 1902 kam Mirbeau zu Monsieur Roujon, dem damaligen Direktor der Beaux-Arts. Schon bei den ersten Worten Mirbeaus, der für einen Maler ein Kreuz wünschte, führte der Oberintendant die Hand an die Schublade, in der sich die ihm anvertrauten Bänder befanden; denn er mutete seinem Besucher genug Verstand zu, nichts Unmögliches von ihm zu verlangen. Aber als Monsieur Roujon den Namen Cézanne hörte, sprang er auf: «Monet, wenn Sie wollen! Er will nicht? Also Sisley? Was, tot? Wollen Sie Pissarro?» Und Mirbeaus Schweigen falsch auslegend, sagte er: «Auch er ist tot? Also nehmen Sie irgendeinen, aber versprechen Sie mir, nie mehr ein Wort über Cézanne zu verlieren!» So entging Cézanne die einzige Gelegenheit, von den Beaux-Arts dekoriert zu werden. Er tröstete sich über diesen Mißerfolg, indem er sich noch eifriger an die Arbeit machte, wobei er stets auf einen Erfolg im Salon von Bouguereau hoffte.

Er schrieb mir darüber:

Aix, den 2. April 1902

Lieber Monsieur Vollard,

ich bin leider genötigt, die Sendung Ihrer «Rosen» auf ein späteres Datum zu verschieben. Obwohl ich das Bild in den Salon 1902 geschickt hätte, will ich meinen Plan dieses Jahr noch zurückstellen. Ich bin mit dem Ergebnis nicht zufrieden. Andrerseits arbeite ich weiterhin an dieser Studie, die mich, so hoffe ich, zu fruchtbaren Anstrengungen zwingen wird. Ich habe auf einem Stück Land, das ich zu diesem Zwecke er-

worben habe, ein kleines Atelier bauen lassen. Ich führe also meine Versuche fort und werde Ihnen, sobald ich mit der Studie einigermaßen zufrieden bin, über das Ergebnis berichten.
Herzlich   Ihr Paul Cézanne

Mehrere Monate später erhielt ich folgenden Brief:

Aix, den 9. Januar 1903

Lieber Monsieur Vollard,
ich arbeite wie verbissen, ich erblicke das Gelobte Land. Wird es mir wie dem großen Führer der Juden ergehen, oder werde ich eindringen können?
Wenn ich auf Ende Februar fertig werde, schicke ich Ihnen mein Bild, damit Sie es einrahmen und in einen gastfreundlichen Hafen steuern können.
Ich habe mit Ihren Blumen aufgehört, weil ich damit nicht zufrieden war. Ich habe jetzt ein großes Atelier auf dem Lande. Ich arbeite dort und fühle mich viel wohler als in der Stadt.
Ich konnte einige Fortschritte erzielen. Warum nur so spät und auf so mühevollem Weg? Wäre die Kunst wirklich ein Priesterstand, der reine Menschen verlangt, die ihm mit Leib und Seele gehören? Es tut mir sehr leid, daß wir so weit auseinander sind, denn schon oft hätte ich Sie brauchen können, um mich moralisch etwas zu stützen. Ich lebe ganz zurückgezogen, die ..., die ... sind unmöglich, eine Intellektuellenclique, und was für eine Sorte!
Sofern ich noch am Leben bin, werden wir über all das später einmal sprechen. Ich danke Ihnen für Ihr treues Andenken.

Paul Cézanne

Etwas später, im Jahre 1904, unternahm Roger Marx, ein Inspektor der Beaux-Arts, einen neuen Versuch. Er kannte Cézannes Sehnsucht nach dem Kreuz, war sich aber wohl bewußt, daß man vom Ministerium der Beaux-Arts nichts erhoffen konnte. Er versuchte deshalb, Cézanne anläßlich der Weltausstellung in Saint-Louis durch das Handels- und Industrieministerium auszeichnen zu lassen.

Aber der Weg ging zuerst über die Jury. Cézannes Gönner wollte jeden Vorwand zur Abweisung des vorzuschlagenden Bildes ausschließen und bat mich deshalb, aus seinen Bildern das «vernünftigste» auszuwählen. Ich schlug das Bild «Mein Garten» vor, das bei der Weltausstellung von 1900 figuriert hatte. Ein neues Hindernis: Diejenigen in der Jury, die vom Metier waren – und das war die große Mehrzahl – erinnerten sich voller Bitterkeit daran, daß derselbe Roger Marx, der Organisator jener Ausstellung, drei Bilder von Cézanne zur Annahme gebracht hatte, während von anerkannten Künstlern wie Cabanel oder Bouguereau nur je ein Bild ausgestellt worden war. Somit wurde Cézanne selbstverständlich mit Akklamation abgewiesen.

Im gleichen Jahr 1904 war ein ganzer Saal des Salon d'Automne Cézanne gewidmet. Auch Puvis de Chavannes hatte einen eigenen Saal. Bei dieser Gelegenheit bedauerte eine Zeitung die Tatsache, daß die Ausstellenden im Katalog alphabetisch geordnet waren, wodurch Cézanne vor Puvis de Chavannes zu stehen kam. Die Presse war also immer noch ebenso abweisend wie am ersten Tag: aber Cézanne war trotzdem bei den Kunstliebhabern begehrt und im allgemeinen Sinn des Wortes «arriviert».

Im folgenden Jahr, 1905, sandte Cézanne wiederum ein paar Bilder an den Salon d'Automne, darunter «Le Portrait de Geffroy» [Porträt von Geffroy, 1890]; «Les Baigneurs» [Die Badenden]; «Bouquet de roses» [Rosenstrauß], nach einem Stich; «Les Moissonneurs» [Die Schnitter] und andere mehr.

Im gleichen Jahr stellte Ch. Morice in seiner «Untersuchung über die modernen Strömungen in der bildenden Kunst» für den «Mercure de

France» den Künstlern folgende Frage: «Was halten Sie von Cézanne?»
Hier ein paar Antworten:

E. Schuffenecker: Cézanne hat weder ein Bild noch ein Werk geschaffen.
Tony Minartz: Da ich Cézannes Bilder nicht verkaufen muß, sage ich nichts darüber und denke darüber auch nichts.
L. de la Quintinie: Cézanne ist ein großer Maler, dem die Erziehung fehlt.
Gabriel Roby: Cézanne hat ein schönes Temperament, aber man entdeckt bei ihm keinerlei bewußte Entwicklung.
Henri Hamm: Die offensichtliche Ehrlichkeit Cézannes besticht mich; seine Ungeschicklichkeit verblüfft mich.
Ouvré: Vor einem Akt, sagte ein Freund von mir, sieht er alles bucklig!
Ignacio Zuloaga: Ich habe Cézanne in seinen guten Bildern gern.
Fernand Piet: Cézanne? Warum gerade Cézanne?
Victor Binet: Über Cézannes Bilder ist nichts zu sagen. Es ist die Malerei eines betrunkenen Abtrittfegers.
Henri Caro-Delvaille: Was Cézanne anbelangt, bin ich der gleichen Meinung wie Puvis de Chavannes: «Der Künstler, der seinem reinen Instinkt überlassen ist, kommt nie über das Wunderkind hinaus.»
Maxime Dethomas: Ich halte Cézanne für einen gefälligen Koloristen.
Paul Signac: Ein Stilleben von Cézanne ist ebenso schön wie die Mona Lisa.
Adolphe Willette: Ich verbürge mich dafür, daß ich nie in meinem Leben sechstausend Francs ausgeben würde, um drei «wollene» Äpfel auf einem dreckigen Teller zu kaufen.
Albert Besnard: Cézanne? Eine schöne, salzig schmeckende Frucht.

Ende des Jahres 1905 ging ich nach Aix. Cézanne war an der Lektüre von «Athalie». Auf seiner Staffelei stand ein Stilleben, das er mehrere Jahre früher angefangen hatte; es stellte Schädel auf einem Orienttep-

Je vais changer toutes les figures de
mon tableau. J'ai déjà mis une
pose différente à Delphin comme un
cheval, il est comme ça, je crois
que ça vaut mieux,
je vais différer
aussi les deux autres
j'ai ajouté un peu
de nature morte
à côté du tabouret
un panier avec
un linge et les
quelques bouteilles
vertes et noires.

si je pouvais travailler plus longtemps
je ferais assez vite, mais deux heures
à peine par jour, ça sèche trop vite
c'est bien embêtant. — Décidément
il faudrait que ces gens là vous portent
dans l'atelier, j'ai commencé un
portrait en plein air de père Chocquet

pich dar. «Wie schön ist es, einen Schädel zu malen! Schauen Sie doch, Monsieur Vollard.»

Auf dieses Werk setzte er die größten Hoffnungen. «Verstehen Sie, ich bin der Verwirklichung nahe!» Und nach einer Pause: «In Paris findet man also, was ich mache, sei gut? Oh, wenn Zola jetzt hier wäre, jetzt, wo ich den großen Wurf mache!»

Ich sagte Cézanne, Léon Dierx habe mir Grüße an ihn aufgetragen. «Ich bin sehr gerührt», antwortete er mir, «über das gute Andenken, das Léon Dierx mir bewahrt hat. Seit unserer Bekanntschaft ist es schon lange her. Ich sah ihn zum erstenmal im Jahre 1877, bei Nina de Villars an der Rue des Moines. Ach, wie viele Erinnerungen sind in den Abgrund der Jahre gestürzt! Jetzt muß ich allein sein: die Durchtriebenheit der Leute ist so groß, daß ich nie mehr daraus hinauskommen würde; es ist Raub, Eingenommenheit, Notzucht, Beschlagnahmung der eigenen Produktion; und doch ist die Natur herrlich!»

Das war mein letztes Gespräch mit dem Maler. Ich sollte ihn nie mehr wiedersehen.

Trotz einer Krankheit, die ihn seit langem plagte und ihn sehr geschwächt hatte, arbeitete Cézanne mit einer Leidenschaft, die sich nicht verleugnen konnte. Kurz vor seinem Tod sagte er zu einem Freund: «Ich glaube, ich führe in meinem Gepäck eine Embolie mit!»

Freilich, ein Brief an seinen Sohn aus derselben Zeit zeigt keine Spur einer solchen Befürchtung.

Aix, den 15. Oktober 1906

Mein lieber Paul,

Samstag und Sonntag gab es Gewitterregen. Es hat sich sehr abgekühlt, ja es ist ziemlich kalt. Du hast recht, wir sind hier in der Unteren Provence. Die Arbeit macht mir immer noch Mühe, aber es schaut doch etwas heraus. Das ist die Hauptsache, glaube ich. Da die Empfindungen bei mir das wichtigste sind, halte ich mich für undurchdringlich. So soll

mich der Unglückliche, Du weist ja, wer, ruhig nachahmen, es ist kaum gefährlich.
Richte gelegentlich Herrn und Frau Legoupil meine herzlichsten Grüße aus. Vergiß auch Louis und seine Familie nicht, ebenso meinen alten Guillaume. Alles geht erschreckend rasch vorbei. Es geht mir nicht schlecht. Ich gebe acht auf mich; ich esse gut.
Ich bitte Dich, mir zwei Dutzend Pinsel wie letztes Jahr zu bestellen. Mein lieber Paul, um Dir so befriedigende Nachrichten zu geben, wie Du sie wünschest, sollte man zwanzig Jahre jünger sein. Ich sage es nochmals; ich esse gut, und ein bißchen moralische Befriedigung, die ich nur in der Arbeit finde, kann viel für mich tun. Alle meine Landsleute sind A...l... neben mir.
Ich küsse Dich und Mama. Dein alter Vater   Paul Cézanne

Ich glaube, die jungen Künstler sind gescheiter als die andern; die alten können in mir nur einen unheilvollen Rivalen sehen.
Ganz der Deine. Dein Vater   Paul Cézanne

Zwei Tage nach diesem Brief wurde Cézanne von einem Gewitter überrascht, als er am «Motiv» arbeitete. Zwei Stunden lang hielt er dem Regen stand, dann wollte er heimgehen; aber unterwegs wurde er ohnmächtig. Ein Wäschereiwagen fand ihn auf der Straße und brachte ihn nach Hause. Die alte Dienerin eilte sofort herbei, als sie ihren Meister beinahe leblos daliegen sah, und wollte ihm die erste Hilfe bringen. Aber als sie ihm die Kleider ausziehen wollte, hielt sie plötzlich erschrocken inne: Cézanne konnte nämlich nicht die geringste Berührung ertragen. Nicht einmal sein Sohn, den er über alles liebte – «Paul ist mein Morgenland», pflegte er zu sagen –, wagte seinen Arm zu nehmen, ohne ihm zu sagen: «Entschuldigung, du erlaubst, Papa!» Und Cézanne konnte trotz dem liebevollen Blick, den er seinem Kind schenkte, ein Schaudern

nicht unterdrücken.
Schließlich nahm die Dienerin in der Angst, er könnte «hinübergehen», wenn er keine Hilfe bekäme, all ihren Mut zusammen und begann ihren alten Meister abzureiben, bis er wieder zu sich kam; und als er das Bewußtsein wiedererlangt hatte, ließ er es geschehen – was ein sehr schlechtes Zeichen war. Die ganze Nacht fieberte er.
Am folgenden Tag begab er sich in den Garten, um an einer Studie mit einem Bauern, die «gut vorwärtsging», weiterzuarbeiten. Mitten in der Sitzung wurde er ohnmächtig; das Modell rief um Hilfe; er wurde zu Bett gebracht. Er stand nicht mehr auf und starb ein paar Tage später, am 22. Oktober des Jahres 1906.

Paul Cézanne

Über Kunst und Künstler

Große Sensibilität ist die glücklichste Disposition für eine gute künstlerische Konzeption.

Alles läßt sich so zusammenfassen: Eindrücke erleben und die Natur lesen.

Die Natur muß man nicht reproduzieren, man muß sie darstellen. Durch was? Durch plastische und farbige Aequivalente.

Nachdem man die großen Meister, die im Louvre ruhen, gesehen hat, muß man sich beeilen, wieder herauszukommen und sich selbst in Kontakt mit der Natur, die Instinkte und die künstlerische Empfindungsmöglichkeit, die in einem steckt, zu verlebendigen trachten.

Der Künstler soll sich vor der literarischen Einstellung hüten, die ihn so oft veranlaßt, sich vom wahren Weg, das heißt vom konkreten Naturstudium, zu entfernen und sich allzu lange in ungreifbaren Spekulationen zu verlieren.

Man kann sagen, Malen bedeute Kontraste geben.

Beim Maler gibt es zwei Dinge, das Auge und das Gehirn. Beide müssen sich gegenseitig unterstützen. Man muß an ihrer wechselseitigen Ausbildung arbeiten: am Auge mittels Studiums vor der Natur, am Gehirn mittels Ordnung und logischer Entwicklung der Eindrücke, Erlebnisse. Sie schaffen die Ausdrucksmittel.

Ein starkes Empfinden für die Natur ist die notwendige Grundlage aller künstlerischen Gestaltung.

Ich gehe jeden Tag in die Landschaft, die Motive sind schön, und ich verbringe auf diese Art meine Tage viel angenehmer als anderswo.

Der Geschmack ist der beste Richter. Er ist sehr selten.

Es gibt weder helle noch dunkle Malerei, sondern lediglich Tonverhältnisse. – Tonkontraste und Tonzusammenhänge: darin liegt das ganze Geheimnis der Zeichnung und der Modellierung.

Vor den großen Meistern lernt der Künstler denken, vor der Natur lernt er sehen.

Es gibt keine Linien, es gibt keine Modellierung, es gibt nur Kontraste. Nicht das Schwarz und das Weiß schaffen diese Kontraste, sondern die koloristischen Eindrücke, Erlebnisse. Aus dem exakten Verhältnis der Töne resultiert die Modellierung. Wenn sie harmonisch nebeneinander gesetzt und lückenlos vorhanden sind, modelliert sich das Bild von selbst.

In einem guten Bilde, wie ich es träume, gibt es eine Einheit. Die Zeichnung und die Farbe sind nicht mehr zu trennen; mit der Malerei zeichnet man; je harmonischer die Farbe wird, desto deutlicher wird die Zeichnung. Wenn die Farbe zu ihrem ganzen Reichtum gelangt, erreicht die Form ihre Fülle, die Kontraste und die Beziehungen der Töne, das ist das Geheimnis der Zeichnung und der Modellierung. Alles übrige ist Poesie. Man soll sie vielleicht im Kopfe haben, aber niemals, wenn man nicht der Literatur verfallen will, darf man versuchen, sie in das Bild zu bringen. Sie kommt von selbst hinein.

Wie schwer ist es doch, unbefangen an die Wiedergabe der Natur zu gehen ... Man sollte sehen können wie ein Neugeborener.

Die Natur ist nicht flach, sie ist Tiefe.

Lesen wir die Natur. Realisieren wir unsere Eindrücke, unsere Erlebnisse, in einer zugleich persönlichen und traditionsbewußten Ästhetik. Der Stärkste wird der sein, der am tiefsten schürft und der voll realisiert, wie die großen Venezianer.

Die Erfassung des Modells und seine Realisation stellen sich zuweilen sehr langsam ein.

Wenn ich beim Malen denke, ist alles verloren.

Bei der künstlerischen Gestaltung ist das Entscheidende die Stärke des Naturerlebnisses.

Die Malerei ist zuerst eine Angelegenheit der Sichtbarkeit. Der Inhalt unserer Kunst liegt darin, in dem, was unsere Augen denken ... Die Natur ordnet sich immer und gibt zu erkennen, was sie bedeutet, wenn man sie achtet.

Es gibt weder helle noch dunkle Malerei, sondern lediglich Tonverhältnisse. – Tonkontraste und Tonzusammenhänge: darin liegt das ganze Geheimnis der Zeichnung und der Modellierung.

Man sollte nicht sagen modellieren, man sollte sagen modulieren.

Die Zeichnung ist ganz Abstraktion. So darf man sie auch niemals von der Farbe trennen. Das ist so, als ob sie ohne Worte denken wollte. Sobald sie auf das Leben stößt, sobald sie Gefühle ausdrückt, wird sie farbig.

Die Natur verabscheut die gerade Linie. Zeigt mir doch etwas Gezeichnetes in der Natur!

Solange man nicht ein Grau gemalt hat, ist man kein Maler.

Meine Methode, das ist nichts anderes als meine Liebe zur Arbeit.

Der Neoimpressionismus, der die Konturen mit einem schwarzen Strich umzieht, ist ein Fehler, der mit aller Kraft bekämpft werden muß.

Die Zeichnung [mit dem Stift] ist einfach das Verhältnis zweier Töne, des Weiß und des Schwarz.

Der Schatten ist eine Farbe wie das Licht, aber weniger leuchtend. Licht und Schatten sind lediglich ein Verhältnis zweier Töne.

Man muß in seiner Kunst unbestechlich sein und, um es in seiner Kunst zu sein, sich üben, es im Leben zu sein.

Die Klischees sind die Pest der Kunst.

Man muß durch die Natur zum Louvre kommen und durch den Louvre zur Natur zurück.

Die Zeichnung gibt nur die äußere Form dessen wider, was wir sehen.

Wenn auch ein starkes Empfinden für die Natur die notwendige Grundlage aller künstlerischen Gestaltung ist, so ist doch auch die Kenntnis der Mittel, unsere künstlerische Empfindung zum Ausdruck zu bringen, nicht weniger wesentlich und läßt sich nur durch sehr lange Erfahrung erwerben.

Wenn der Künstler richtig fühlt, wird er auch richtig denken.

Ein Bild machen bedeutet komponieren.

Für einen Künstler zählen weder Ruhm noch Ehrgeiz. Er muß sein Werk tun, weil der liebe Gott es will. So wie ein Mandelbaum seine Blüten treibt.

Sollte die Kunst wirklich ein Priestertum sein, das reine Menschen erfordert, die ihm ganz gehören?

Eine künstlerische Lösung ist vollkommen, wenn sie dem Charakter und der Größe des behandelten Sujets adäquat ist.

Man muß überlegen, das Auge genügt nicht; Überlegung ist notwendig.

Für den Künstler bedeutet sehen konzipieren und konzipieren komponieren.

Man spricht besser über Malerei, wenn man sich vor dem Motiv befindet, als wenn man sich in rein spekulativen Theorien ergeht, in denen man sich recht häufig verirrt.

Ich habe immer weiterzuarbeiten, doch nicht etwa, um zu jener Vollendung zu gelangen, die die Bewunderung der Dummen erregt. Denn jene Vollendung, die man im allgemeinen so schätzt, ist nichts als das Ergebnis handwerklichen Könnens und macht jedes Werk, das so entsteht, unkünstlerisch und erbärmlich.

Ich arbeite immer und zwar ohne mich um die Kritik und die Kritiker zu kümmern, so wie es ein wahrer Künstler tun soll.

Ich will malend sterben ... sterben beim Malen.

Was in der Kunst am meisten beglückt, ist die Persönlichkeit des Künstlers selbst.

Aus dem Impressionismus wollte ich etwas machen, das so solid und dauerhaft wäre wie die Kunst der Museen.

A priori gibt es keine Richtungen, keine Schulen. Das Entscheidende ist die Kunst als solche. Ein Bild ist also entweder gut oder schlecht.

Die Natur – ich wollte sie kopieren. Es gelang mir nicht. Aber ich war mit mir zufrieden, als ich entdeckte, daß sich zum Beispiel die Sonne nicht einfach wiedergeben ließ, daß man sie vielmehr durch etwas anderes zum Ausdruck bringen mußte ... durch Farbe.

Malen bedeutet, seine farbigen Eindrücke, Erlebnisse registrieren.

Vor den großen Meistern lernt der Künstler denken, vor der Natur lernt er sehen.

Was der Maler vor allem haben muß, ist eine persönliche Optik.

Nach der Natur malen bedeutet nicht, das Objekt kopieren, sondern seine Eindrücke, Erlebnisse realisieren.

Pissarro hat einen ungeheuren Einfluß auf mich gehabt. Er war ein Vater für mich. Das war ein Mann, der einem zu raten verstand und so etwas wie der liebe Gott.

Monet ist ein Auge, das wunderbarste Auge, seit es Maler gibt. Ich ziehe meinen Hut vor ihm. Er ist der beste Impressionist. ... Wenn ich daran denke, daß man seinen ‚Sommer' im Salon abgewiesen hat! Alle Juryleute sind Schweine. Lassen Sie gut sein, er wird in den Louvre kommen, neben Constable und Turner ... Ach, wenn Sie sehen würden, wie er malt! Er ist das einzige Auge, die einzige Hand, die einem Sonnenuntergang folgen kann, mit all seinen durchsichtigen Tönen; seine Farbenstufungen auf der Stelle festhalten, ohne sein Bild später wieder vornehmen zu müssen.

Rodin ist ein wunderbarer Steinmetz, mit allen modernen Sensationen, dem jede Figur gelingt, die man will, aber es fehlt ihm eine Idee. Es fehlt ihm ein Kultus, ein System, ein Glaube ... Ich will damit Rodin nicht verkleinern. Ich liebe ihn, ich bewundere ihn sehr, aber er ist ein Kind seiner Zeit, wie wir alle. Wir schaffen irgendein Stück. Wir können nicht mehr komponieren.

Ich liebe nur Rubens, Poussin und die Venezianer. Ich mag die Primitiven nicht. Für mich ist das keine Malerei. Die Primitiven zeichneten. Sie kolorierten, sie machten vergrößerte Miniaturen; das was man Malerei nennt, entsteht erst bei den Venezianern.

Veronese ist ein einzigartiges Phänomen. Sehen Sie, der war glücklich. Und alle, die ihn verstehen, macht er glücklich. Er malte, wie wir sehen. Ohne mehr Anstrengung. Tanzend. Die Ströme von Nuancen flossen bei ihm aus dem Gehirn, wie die Worte, die ich Ihnen sage, mir aus dem Munde fließen. Er sprach in Farben.

Degas ist nicht Maler genug, er hat nicht genug davon!

Ingres ist trotz seines Stils und seiner Bewunderer ein sehr kleiner Maler ... Ingres, potztausend, hat kein Blut!

Tintoretto, Rubens, das ist der Maler, wie Beethoven der Musiker, Plato der Philosoph ist. In seiner Jugend hatte Tintoretto die Dreistigkeit, zu behaupten: die Farbe des Tizian und die Zeichnung Michelangelos. Und er hat es erreicht.

Delacroix gehört zum großen Geschlecht. Mit ihm entsteigt die Malerei dem Verfall, der Krankheit der Bolognesen. Er verdrängt David. Seine Aquarelle sind wahre Wunder der Tragik oder des Entzückens.

Courbet – ein Maurermeister. Ein wüster Gipskneter. Ein Farbenstampfer. Er mauerte wie ein Römer. Und auch er war ein echter Maler. Was er sieht, ist komponiert. Hinter seinem prahlerischen Getue ... Er ist tief, heiter, weich ... Nur Courbet kann so ein Schwarz hinsetzen, ohne seine Leinwand zu durchlöchern. Er ist einzig ...

Ich verachte alle lebenden Maler außer **Monet** und **Renoir.**

Renoir ist geschickt. Er ist Porzellanmaler gewesen ... Dabei ist ihm etwas Perlmutterhaftes geliebst, bei all seinem ungeheuren Talent. Was für Werke hat er trotzdem geschaffen!

Über Cézanne

Maurice Vlaminck
Georges Braque
Pablo Picasso
Guillaume Apollinaire
Henri Matisse
Gertrude Stein

Maurice Vlaminck

Für Cézanne, den alten Meister von Aix, ist die Sache ganz anders! Wäre er je, selbst mit dreißig Jahren, mit einer Frau aus seinen Kompositionen ins Bett gegangen? Ob alt oder jung, potent oder impotent, gesund oder zuckerkrank, Cézannes Malerei steht jenseits von alledem. Sie lebt nicht von den Sinnen. Sie ist unabhängig von ihnen. Sie hat es nur mit dem Kopf zu tun. Cézanne besaß den Vorzug einer Eigensinnigkeit, die ihn von allem wegführte, was er gelernt hatte, um die Probleme einer Bildtheologie mit der Starrheit eines provinziellen Katholizismus' anzupacken. Daß ihm ein Teil der Verantwortlichkeit für die Einführung der abstrakten Kunst zukommt, der die geistigen Bemühungen in seinen letzten Jahren zustrebten, steht außer jedem Zweifel. Immerhin trägt er die Verantwortung nur in dem Maß, in dem Goethe für den Selbstmord jener romantischen Schwärmer, die von «Werther» ergriffen waren, verantwortlich ist. Zu menschlich, um sich zu verlieren, konnte sich Paul Cézanne dank seinem Talent als Maler, das seine Bemühungen immer beherrschte, ständig im Gleichgewicht halten. Solche Wunder verwirklichen sich nur am Rande der tiefsten Abgründe.

Cézannes Malerei ist die Kunst eines reuigen Sünders: sein ganzes Leben lang malte er mit der Beharrlichkeit und den Gewissensbissen eines Büßers, der im Gebet Gnade zu erlangen hofft. Glaubte er, mit Hilfe der Wissenschaft eine verlorene Unberührtheit wiederzugewinnen? Ist es ihm gelungen? Als Cézanne sagte: «Man müßte einen Poussin nach der Natur malen», kehrte er die Rangordnung der Größen um. In Wirklichkeit sollte man die Unberührtheit der Seele und die Einfachheit eines Poussin vor der Natur haben.

Degas blieb ebenso weit vom unwandelbaren Dogmatismus Ingres entfernt wie vom Empirismus Cézannes: ein Opportunismus, der von den beiden Extremen gleich weit entfernt ist. Cézanne und Renoir, welch ein Gegensatz! Bei Renoir findet sich all der Geschmack eines vornehmen, kultivierten und überfeinerten Mannes, der das gesunde hübsche Mädchen aus dem Volke liebt. In Renoirs Kunst gibt es keine heimlichen Krankheiten. Sie atmet Freude, Wohlbehagen aus. Manchmal sogar einen ziemlich starken schlechten Geruch, etwas Gewöhnliches, das gerade zur rechten Zeit aufhört, um nicht mehr unangenehm zu wirken.

Georges Braque

Ich muß neue Ausdrucksmittel für meine Eigenart suchen ... Nachdenken ändert die Farbe jedes Dinges ... Ich war von Cézanne beeindruckt, von seinen Bildern, die ich bei Vollard gesehen hatte, ich spürte, daß in dieser Malerei etwas viel Verborgeneres lag ... Ich war jung, ich befaßte mich mit den Dingen, und alles war mir sympathisch, der Mensch, die

Natur, alles ... Auch die Negerplastik hat mir einen neuen Horizont eröffnet. Durch sie kam ich mit instinktiven, unmittelbaren Äußerungen in Berührung, die zur falschen Tradition, die mir zuwider war, in Gegensatz standen.
Bestimmt sind wir weit von der Renaissance entfernt. Cézanne hat uns von ihr befreit. Er tat uns die Augen auf. Wir entdeckten die Primitiven wieder, diejenigen vor der Renaissance, die schöpferischen Künste. Ihnen haben wir uns in unserem Vorgehen angenähert ... Die Malerei kann sich verändern wie sie will, der Geist bleibt bestehen. Er verschwindet nicht. Ein Bild ohne Geist stirbt ab. Und gerade der Geist ist der Renaissance in einem entsetzlichen Maße abgegangen: es war eine nachahmende, geistlose Malerei. Jedes Denken war völlig verschwunden. Es war eine furchtbar eingebildete Zeit: sie gab sich als Epoche der Meister. Cézanne dagegen gab nichts auf das Talent; er sah die große Gefahr, die darin liegt. Im Louvre, das ist unerhört, ein richtiges Schauspiel.
Sie stehen außerhalb der Dinge. Cézanne ist in die Handlung verstrickt, die Klassiker sind bloße Zuschauer. Sie schauen zu, während Cézanne handelt ... [1954]

Pablo Picasso

Um 1906 überschwemmte der Einfluß Cézannes allmählich alles, und die Kenntnis des Komponierens, der Polarität der Formen und des Rhythmus der Farben war allen zugänglich.
Zwei Probleme zeigten sich meinem Geist. Ich bemerkte, daß die Malerei einen selbständigen Wert hat, unabhängig von der sachlichen Schilderung der Dinge. Ich fragte mich, ob man nicht die Dinge eher so malen müsse, wie man sie kennt, wie man sie sieht. Da die Malerei eine ihr

eigene Schönheit hat, kann man eine abstrakte Schönheit darstellen, die Malerei ist. So kam ich für eine Reihe von Jahren zum Kubismus; er ist nie etwas anderes gewesen als dies: Malen um der Malerei willen unter Ausschluß aller Begriffe von nicht wesentlicher Wirklichkeit. Die Farbe spielt eine Rolle in dem Sinn, daß sie zur Darstellung der Volumina hilft. Jedem ist es bekannt, daß eine weiße Fläche größer scheint als eine schwarze von gleichen Ausmaßen. [1926]
Es kommt nicht darauf an, was der Künstler tut, sondern was er ist. Cézanne hätte mich nie interessiert, wenn er wie Jacques Emile Blanche gelebt und gedacht hätte, selbst wenn der Apfel, den er gemalt hat, noch zehnmal schöner gewesen wäre. Was sich unser Interesse erzwingt, ist Cézannes Unruhe: sie ist Cézannes Lehre! Und die Qualen Van Goghs – die sind das wahre Drama des Mannes! Alles andere ist Schwindel.
[1935]

Guillaume Apollinaire

Die letzten Bilder Cézannes und seine Aquarelle sind dem Kubismus zuzurechnen, aber Courbet ist der Vater der neuen Maler, und André Derain, auf den ich eines Tages noch zurückkommen werde, war der älteste seiner geliebten Söhne, denn man begegnet ihm in den Anfängen der Bewegung der «Fauves», einer Art Vorspiel zum Kubismus, und auch in den Anfängen dieser großen subjektiven Bewegung; aber es wäre heute zu schwierig, gut über jemanden zu schreiben, der sich freiwillig von Allem und Allen fernhält. [1913]

Henri Matisse

Bei den Indépendants höre ich immer den alten Pissarro vor einem sehr schönen Stilleben von Cézanne – Wasserkaraffe aus geschliffenem Kristall, Stil Napoleon III., blauer Farbzusammenhang – ausrufen: «Das könnte von Ingres sein!» Ich war zunächst überrascht, fand dann aber, und finde es heute noch, daß er recht hat. Cézanne selbst aber sprach nur von Delacroix und Poussin.

Gewisse Maler meiner Generation haben die Meister des Louvre besucht, wo sie Gustave Moreau führte, bevor sie von den Impressionisten Kenntnis nahmen. Erst später gingen sie in die Rue Laffitte, und dann vor allem, um bei Durand-Ruel die berühmte «Ansicht von Toledo» und «Kreuztragung» von Greco, sowie einige Porträts von Goya und «David und Saul» von Rembrandt zu besichtigen.

Es ist denkwürdig, daß Cézanne wie Gustave Moreau von den Meistern des Louvre gesprochen hat. Zur Zeit als Cézanne das Porträt von Vollard machte, zeichnete er jeden Nachmittag im Louvre. Am Abend ging er auf dem Heimweg in der Rue Laffitte vorbei und sagte zu Vollard: «Ich glaube, die Sitzung morgen wird gut werden, denn ich bin recht zufrieden mit dem, was ich heute im Louvre gemacht habe.» Diese Louvrebesuche beschleunigten seinen Abstand zur Arbeit des Vormittags, den für jeden Künstler nötigen Abstand, wenn er die Sitzung des Vortages beurteilen und überblicken will.

Bei Durand-Ruel sah ich zwei sehr schöne Stilleben von Cézanne – Biskuits, Milchkessel und Früchte von einem stumpfen Blau. Der alte Durand wies mich darauf hin, nachdem ich ihm einige Stilleben von mir gezeigt hatte. «Sehen Sie sich diese Cézanne an», sagte er, «ich kann sie nicht verkaufen. Malen Sie doch lieber Intérieurs mit Personen, wie dieses hier oder jenes.»

Wie heute schien der Weg der Malerei für die neue Generation gänzlich

versperrt; Die Impressionisten zogen alle Aufmerksamkeit auf sich. Van Gogh und Gauguin wurden nicht beachtet. Man mußte Hals über Kopf eine Mauer überspringen, wenn man vorwärts kommen wollte.
Angesichts der modernen Strömungen muß ich immer an Ingres und Delacroix denken, die zu ihrer Zeit alles zu trennen schien, so sehr, daß sich ihre Schüler für sie geschlagen hätten, falls sie es gewünscht haben würden. Heute kann man leicht sehen, wie ähnlich sie sich sind.
Beide wählten als Ausdrucksmittel Arabeske und Farbe. Von Ingres hieß es seiner in klare Flächen aufgeteilten, reinen Farbe wegen, er sei «ein nach Paris verirrter Chinese». Sie haben beide die nämlichen Glieder der Kette geschmiedet. Nur Nuancen verhüten, daß man sie verwechselt.
Auch Van Gogh und Gauguin werden später einmal als Zeitgenossen erscheinen: durch Arabeske und Farbe. Es zeigt sich, daß der Einfluß von Gauguin unmittelbarer war als der Van Goghs. Und es zeigt sich auch, daß er selbst, Gauguin, von Ingres herkam.
Der junge Maler, der sich vom Einfluß der vorangehenden Generation nicht befreien kann, schaufelt sich selbst sein Grab. Falls er es verhindern will, daß er im Werk seiner von ihm geschätzten Vorgänger eingesargt wird, kann er, seinen eigenen Neigungen folgend, im Kunstgut der verschiedensten Kulturen nach neuen Quellen der schöpferischen Eingebung fahnden. Cézanne hat sich von Poussin inspirieren lassen: «Faire du Poussin sur nature».
Wenn ein Maler empfindsam ist, wird er den Anschluß an die vorangehende Generation nie verlieren können, ihren Beitrag in seinem Werke immer vorfinden, ob er will oder nicht. Und doch ist es entscheidend, daß er bewußt darauf verzichtet, um seinerseits einen neuen Beitrag aus frischer Eingebung zu liefern. [1945]

Gertrude Stein

Während der letzten beiden Jahre [1900–1902], die Gertrude Stein in Baltimore an der John Hopkins Medical School verbrachte, lebte ihr Bruder in Florenz. Dort hörte er von einem Maler namens Cézanne und sah Gemälde von ihm, die Charles Loeser besaß. Als er und seine Schwester sich im nächsten Jahr in Paris niederließen, gingen sie zu Vollard, dem einzigen Bilderhändler, der Cézannes zu verkaufen hatte, um sie sich anzuschauen.

Vollard war ein großer dunkler Mensch, der ein wenig lispelte. Seine Galerie war in der Rue Laffitte nicht weit vom Boulevard. Diese kurze Straße weiter abwärts war Durand-Ruel, und noch weiter, fast an der Eglise des Martyrs, war Sagot, der ehemalige Clown. Weiter oben im Montmartre an der Rue Victor Massé war Mademoiselle Weil, die Bilder, Bücher und Krimskrams verkaufte, und in einem ganz andern Stadtteil von Paris in der Rue Faubourg Saint Honoré war der ehemalige Café-Besitzer und Photograph Druet. In der Rue Laffitte befand sich auch die Confiserie von Fouquet, wo man sich an herrlichen Honigkuchen und Nußpralinen laben und hin und wieder mal anstatt eines Bildes Erdbeermarmelade im Glas kaufen konnte.

Der erste Besuch bei Vollard hat auf Gertrude Stein einen unauslöschlichen Eindruck gemacht. Es war ein unglaublicher Laden. Er sah überhaupt nicht wie eine Bildergalerie aus. Ein paar Bilder standen mit dem Gesicht gegen die Wand gekehrt, in einer Ecke war ein kleiner Stoß großer und kleinerer Bilder, die wahllos übereinandergestapelt waren, und in der Mitte des Raumes stand ein großer dunkler Mann und blickte finster drein. Das war Vollard in heiterer Stimmung. Wenn er weniger heiter war, pflanzte er sich mit seinem mächtigen Körper vor die Glastür, die auf die Straße führte, die Arme über dem Kopf, die Hände oben an den Türecken, und starrte finster nach draußen. Dann wagte es keiner, den

Laden zu betreten.

Sie fragten, ob sie Cézannes sehen könnten. Sien Gesicht hellte sich etwas auf und wurde ganz höflich. Wie sie später hörten, war Cézanne für ihn der Traum seines Lebens. Der Name Cézanne war wie ein Zauberwort für ihn. Durch den Maler Pissarro hatte er zum erstenmal von Cézanne gehört. Pissarro war eigentlich der Mann, durch den alle frühen Cézanne-Verehrer zuerst von dem Maler hörten. Cézanne lebte damals unglücklich und verbittert in Aix-en-Provence. Pissarro erzählte Vollard von ihm, und einem Florentiner namens Fabry, der zu Loeser darüber sprach, und auch Picabia, kurzum allen, die damals mit Cézanne bekannt wurden.

Bei Vollard konnte man Cézanne sehen. Gertrude Stein schrieb später ein Gedicht ‚Vollard and Cézanne', und Henry McBride druckte es in der ‚New York Sun'. Es war das erste kürzere Werk Gertrude Steins, das auf diese Art veröffentlicht wurde, und es machte ihr und Vollard sehr viel Freude. Später, als Vollard sein Buch über Cézanne schrieb, schickte er auf Gertrude Steins Anregung hin ein Exemplar des Buches an Henry McBride. Sie erzählte Vollard, daß eine ganze Seite in einer der größten New Yorker Tageszeitungen ausschließlich seinem Buch gewidmet werden würde. Er hielt es nicht für möglich. Etwas derartiges war noch keinem Menschen in Paris passiert. Doch es stimmte, und er war tief gerührt und unsagbar glücklich. Doch nun mehr über jenen ersten Besuch. Sie sagten Vollard, daß sie einige Landschaften von Cézanne sehen wollten, sie seien von Monsieur Loeser in Florenz an ihn verwiesen worden. O ja, sagte Vollard und sah schon ganz heiter drein und begann im Laden herumzugehen; schließlich verschwand er hinter einer Trennungswand im Hintergrund und man hörte, wie er die Treppe hinaufstapfte. Nach ziemlich langer Zeit kam er wieder hinunter und hatte in der Hand ein winziges Bild von einem Apfel, aber fast die ganze Leinwand war unbemalt. Sie betrachteten es eingehend, und dann sagten sie, aber eigentlich wollten wir eine Landschaft sehen. Ach ja, seufzte Vollard und sah noch etwas heiterer aus, und kurz darauf verschwand er wieder und diesmal kam er mit einem gemalten Rücken an, es war eine wunderbare Malerei, das stand außer Frage, doch damals wußten Bruder und Schwester noch nicht genug von Cézannes Aktstücken und deshalb machten sie einen neuen Vorstoß. Sie fragten, ob sie eine Landschaft sehen könnten. Diesmal kam er nach noch viel längerer Pause mit einer sehr großen Leinwand an, auf die nur ein winziges Stückchen Landschaft gemalt war. Ja, das war's, sagten sie, eine Landschaft, aber was sie eigentlich sehen wollten, war eine kleinere Landschaft, wo aber die ganze Leinwand bemalt war. Sie sagten, daß sie so etwas sehr gerne sehen würden. Inzwischen war die frühe Pariser Winterabenddämmerung angebrochen, und nun kam eine sehr alte Putzfrau die Hintertreppe herunter, brummelte «Bonsoir messieurs et mesdames» und ging still aus der Tür, und nach einem Weilchen kam noch eine alte Putzfrau die gleiche Treppe hinunter, brummelte «Bonsoir messieurs et mesdames» und ging still aus der Tür. Gertrude Stein fing an zu lachen und sagte zu ihrem Bruder, es ist alles Unsinn, er hat gar keine Cézannes. Vollard geht nach oben und sagt den alten Weibern, was sie malen sollen und er versteht uns nicht und sie verstehen ihn nicht und sie malen etwas und er bringt es nach unten und es ist ein Cézanne. Beide begannen unbändig zu lachen. Dann beruhigten sie sich etwas und erklärten ihm noch einmal alles wegen der Landschaft. Sie sagten, was sie suchten, sei eine der wunderbar gelben sonnigen Landschaften um Aix, von denen Loeser mehrere besaß. Wieder verschwand Vollard, und diesmal kam er mit einer wunderbaren kleinen grünen Landschaft zurück. Sie war wunderschön, sie bedeckte die ganze Leinwand, sie kostete nicht viel und sie kauften sie. Später erzählte Vollard jedermann, daß ihn zwei verrückte Amerikaner besucht hätten und sie hätten gelacht und er hätte sich sehr geärgert, aber allmählich hätte er begriffen, wenn sie am lautesten lachten, kauften sie meistens etwas und daher wartete er nun natürlich immer bis sie lachten.

Von da an ging es dauernd zu Vollard. Bald wurde ihnen gestattet, seinen Stoß Bilder in der Ecke durcheinanderzubringen und herauszusuchen, was ihnen gefiel. Sie kauften einen winzigen Daumier, den Kopf einer alten Frau. Sie begannen sich für Cézannes Aktstücke zu interessieren und kauften schließlich zwei winzige Stücke mit Gruppen von nackten Frauen. Sie fanden einen sehr sehr kleinen Monet, schwarzweiß gemalt und mit Forain im Vordergrund und kauften ihn, und sie fanden zwei winzig kleine Renoirs. Sehr oft kauften sie zwei Bilder, denn meistens hatten sie jeder ihren eigenen Geschmack, und so verstrich das Jahr. Im Frühling kündete Vollard eine Gauguin-Ausstellung an und zum erstenmal sahen sie Bilder von Gauguin. Sie fanden sie greulich, aber schließlich liebten sie sie und kauften zwei Gauguins. Gertrude Stein liebte seine Sonnenblumen, aber nicht seine Figuren, und ihr Bruder zog die Figuren vor. Heute hört sich das alles gewaltig an, aber damals kosteten diese Sachen nicht viel. So verging der Winter.

Es waren nicht viele Leute die Vollard aufsuchten, aber einmal wurde Gertrude Stein Zeuge eines Gespräches, das ihr sehr gefiel. Duret war in Paris eine sehr bekannte Persönlichkeit. Er war jetzt ein sehr alter und sehr schöner Mann. Er war ein Freund Whistlers gewesen. Whistler hatte ihn im Frack mit einem weißen Opern-Cape über dem Arm gemalt. Eines Tages war er bei Vollard und unterhielt sich mit einer Gruppe jüngerer Männer und einer von ihnen, Roussel, der zu Vuillard, Bonnard kurz, zu den Nach-Impressionisten gehörte, beklagte sich über den Mangel an Anerkennung, den er und seine Freunde fänden und daß es ihnen nicht einmal gestattet würde, im Salon auszustellen. Duret sah ihn gütig an. Mein Freund, sagte er, es gibt zwei Arten von Kunst, vergessen Sie das nie, es gibt Kunst und es gibt die offiziell anerkannte Kunst. Wie dürfen Sie, mein armer junger Freund, darauf hoffen, offiziell anerkannte

Kunst zu sein? Schauen Sie sich doch nur an. Nehmen wir einmal an, eine bedeutende Persönlichkeit käme nach Frankreich und wollte die repräsentativen Maler kennenlernen, um ein Porträt von sich anfertigen zu lassen. Mein lieber junger Freund, schauen Sie sich doch an, schon Ihr Äußeres würde ihn erschrecken. Sie sind ein reizender junger Mensch, nett und intelligent, aber der hohen Persönlichkeit würden Sie nicht so erscheinen, der würden Sie schrecklich vorkommen. Nein, als repräsentativen Maler braucht man einen Mann von mittlerer Größe, ein bißchen untersetzt, nicht zu gut angezogen, aber so angezogen, wie man sich in jenen Kreisen kleidet, weder kahl noch zu geschniegelt, und imstande, einen schönen Diener zu machen. Da sehen Sie's, daß Sie dem nie entsprechen würden. Sagen Sie also kein Wort mehr wegen offizieller Anerkennung, oder wenn, dann schauen Sie vorher in den Spiegel und denken Sie an hohe Persönlichkeiten. Nein, mein lieber junger Freund, es gibt Kunst und es gibt offiziell anerkannte Kunst, so ist es immer gewesen und so wird es immer sein.

Als der Winter vorbei war, fanden Gertrude Stein und ihr Bruder, nachdem sie einmal so weit gegangen waren, könnten sie noch etwas weitergehn und beschlossen, einen großen Cézanne zu kaufen und dann aufzuhören. Danach wollten sie vernünftig sein. Sie überzeugten ihren ältesten Bruder, daß diese letzte Ausgabe notwendig sei, und notwendig war es, wie man bald merken wird. Sie sagten Vollard, daß sie ein Cézanne-Porträt kaufen wollten. Damals war praktisch noch kein großes Cézanne-Porträt verkauft worden. Fast alle waren in Vollards Besitz. Er freute sich riesig über ihren Entschluß. Sie durften jetzt das Zimmer oben hinter der Trennungswand betreten, von dem Gertrude Stein geglaubt hatte, daß dort die alten Putzfrauen Cézannes anfertigten, und dort verbrachten beide viele Tage, um zu entscheiden, welches Cézanne-Porträt sie kaufen wollten. Es waren etwa acht, unter denen sie auswählen mußten, und der Entschluß war schwierig. Sie mußten oft weggehen und sich bei Fouquet an Honigkuchen stärken. Schließlich verringerte sich die Wahl auf zwei, ein Männerbildnis und ein Frauenbildnis, aber diesmal konnten sie es sich nicht leisten, wieder zwei Stück auf einmal zu kaufen, und schließlich wählten sie das Frauenbildnis.

Vollard sagte, natürlich sei im allgemeinen ein Frauenbildnis immer teurer als ein Männerbildnis, doch, sagte er, und sah das Bild sehr aufmerksam an, ich vermute, bei Cézanne macht das keinen Unterschied aus. Sie trugen es in eine Droschke und fuhren damit nach Hause. Es war das Gemälde, vor dem Alfy Maurer immer zu erklären pflegte, es sei fertig, und daß es fertig sei, sähe man daraus, weil es einen Rahmen habe.

Es war ein sehr wichtiger Kauf, denn weil Gertrude Stein das Bild wieder und immer wieder ansah, konnte sie ‚Three Lives' schreiben.

Nicht lange davor hatte sie als literarische Übung Flauberts ‚Trois Contes' zu übersetzen begonnen und dann bekam sie den Cézanne und unter diesem Einfluß schrieb sie ‚Three Lives'.

Lebensdaten

1839 Geboren am 19. Januar in Aix-en-Provence.

1852 Eintritt in das Collège Bourbon. Hier nimmt die Freundschaft mit Emile Zola ihren Anfang.

1858 Matura mit dem Zeugnis «ziemlich gut». Beginn des Jurastudiums und weiterer Besuch der Zeichenschule in Aix, an deren Lehrgang er seit 1856 teilgenommen hat.

1859 Erstes Atelier in dem alten Landhaus, das sein Vater anderthalb Kilometer von Aix entfernt als Feriensitz gekauft hat.

1861 Übersiedlung nach Paris. Cézanne besucht die Académie Suisse. Rückkehr nach Aix.

1862 Im November ist er wieder in Paris und pflegt Umgang mit Zola, Pissarro, Corot, Guillemet, Manet und Renoir.

1866 Sein Bild «Grog au vin ou l'Après-midi à Naples» wird vom Salon zurückgewiesen. Er lernt das Modell Marie-Hortense Fiquet kennen, mit der er sich 1870 nach L'Estaque begibt, wo er, so lange der Krieg dauert, Landschaftsbilder malt.

1872 Hortense bringt einen Sohn zur Welt, der Paul genannt und von Cézanne anerkannt wird.

1874 Ausstellung im ersten impressionistischen Salon bei Nadar, der von der Kritik abgelehnt wird. 1874/77 arbeitet er in seinem Atelier an der Rue de Vaugirard 120.

1877 Teilnahme an der impressionistischen Kundgebung in der Rue Le Peletier 6.

1882 Guillemet bringt ein Bild von Cézanne im offiziellen Salon durch.

1886 Im April heiratet Cézanne Hortense. Im Oktober des gleichen Jahres stirbt sein Vater.

1895 Vollard stellt an der Rue Laffitte gegen 150 Bilder von Cézanne aus.

1899 Teilnahme an der Ausstellung «Salon des Indépendants», ebenso in den Jahren 1901 und 1902. Endgültige Rückkehr nach Aix.

1900 Der zähe Fleiß beginnt Früchte zu tragen. Drei seiner Bilder erhalten einen Ehrenplatz auf der Weltausstellung «Exposition Centennale».

1904 Cézanne nimmt an der «Ausstellung der Impressionisten-Maler» in Bruxelles teil. Im «Salon d'Automne» wird Cézanne ein ganzer Saal für seine Bilder überlassen.

1906 Am 22. Oktober stirbt er an einer Lungenentzündung, die er sich beim Malen im Freien geholt hatte.